新时代中华传统文化知识丛书

中国古代科学家

李燕　罗日明　主编

海豚出版社
DOLPHIN BOOKS
CICG 中国国际传播集团

图书在版编目（CIP）数据

中国古代科学家 / 李燕 , 罗日明主编 . -- 北京：
海豚出版社 , 2024. 10. -- (新时代中华传统文化知识丛
书). -- ISBN 978-7-5110-7100-2

Ⅰ. K826.1

中国国家版本馆 CIP 数据核字第 2024ZM9030 号

新时代中华传统文化知识丛书

中国古代科学家

李　燕　罗日明　主编

出 版 人	王　磊
责任编辑	张　镛
封面设计	薛　芳
责任印制	蔡　丽
法律顾问	中咨律师事务所　殷斌律师
出　　版	海豚出版社
地　　址	北京市西城区百万庄大街 24 号
邮　　编	100037
电　　话	010-68325006（销售）　010-68996147（总编室）
印　　刷	天津睿意佳彩印刷有限公司
经　　销	新华书店及网络书店
开　　本	710mm×1000mm　1/16
印　　张	8.5
字　　数	72 千字
印　　数	3000
版　　次	2024 年 10 月第 1 版　2024 年 10 月第 1 次印刷
标准书号	ISBN 978-7-5110-7100-2
定　　价	39.80 元

序　言

中国作为一个文明古国，有着漫长的历史，在数千年的发展中，形成了自己独特的科学文化系统。从新疆帕米尔高原到黑龙江的黑瞎子岛，从南海曾母暗沙到黑龙江漠河，智慧朴实的人们在这片土地上创造了灿烂的中华文明。中华文明在数千年的时光中不断积蕴，成百上千道涓涓细流，最终汇聚成浩渺无涯的文明之海。

"科学史是人类文明史中一个头等重要的组成部分。"我国各民族对日常生产、生活经验的总结促进了科学思想的发展，从春秋时期的百家争鸣到后世的四大发明，中华文明为世界贡献了大量优秀的思想、文化和科技，也从外来文化中吸取养分。先贤们立足于本土文化，兼收并蓄，博采众长，不断丰富着中华民族科学文化博大精深的内涵。

科学史也是中国文化史的重要组成部分，我国古代科学技术思想的丰富广博，就是长期文化积淀的重要成果。无论是孔孟儒学、墨子兼爱非攻的思想还是韩非子的朴素唯物主义，都对后来的科学发展产生过或多或少的影响。

浩瀚的中华文明曾经雄踞地球，是世界的典范。指南针让我们知道祖先已经认识到磁极性，火药极大地增强了我们改造自然的能力。但古老而又伟大的中华文明，在近现代却逐渐没落。西方否认中华文明对科学技术与社会发展的重要作用。他们从现代科学技术来回溯过去，认为在欧洲之外的世界上不能出现任何一个重大的发明或创新。这种思想是傲慢而可笑的。

　　英国著名的科学史学家、美国国家科学院院士李约瑟曾说过："世界只有一个。全世界人民必须共同生活在这个由于飞机和无线电的发明而日益缩小的世界内。如果一个人了解其他民族的文化先驱者们的成就能像了解他们自己的文化先驱者们的成就那样清楚，那他就必定只能对其他民族的成就给予应有的了解和赞赏。"

　　近年来随着中国不断崛起，经济的高速发展让中国的国际声望不断提高，也让越来越多的人认识到中国人对现代科学发展的伟大贡献。中华文明孕育出了多彩的文化，它丰富、深刻、辉煌、博大，它影响东亚，传遍世界，为世界文明的发展作出了极大贡献。

　　我们创作这本书的目的，就是要介绍那些曾被西方所误解的中国人民的真正才智。不仅是农业和艺术，还有从中国传向世界各地的技术发明。我们希望通过这本书，弘扬中华传统文化精粹，让读者感受到中华文明的博大精深，并把前人可贵的科学文化积累不断传承下去。

正如李约瑟所说："没有一个民族或一个多民族集体曾经垄断过对科学发展所作出的贡献。各个民族的成就，应该由全世界人民携起手来共同赏识，纵情歌颂。"如果连我们自己都不了解中国古代的那些科学家和科学技术，我们又如何向世界介绍中国的科学文化发明呢？

目 录

第三章　古代数学家

第四章　古代天文学家

第五章　其他古代科学家

第一章

古代的科学技术

一、中国古代科学的范畴

先秦时期，或者更久以前，先哲们就已经开始用自己的方法去理解和改造这个世界。在他们的思考和实践中，最初的科学就此诞生。

我国古代科学与西方科学有着很大区别。相比于西方科学，我国古代科学更注重自然与生活，拥有自己独特的发展体系和侧重方向。

据《尚书》记载，我国的科技史料宽泛零散，包罗万象。尤其是农学、天文学、医学、数学四大自然科学，对中国科学文化的发展产生了巨大影响。

在神话传说中，神农氏教人们制造农具，用耜（sì）开荒垦地，播种五谷。抛开神话不谈，其实我国早在新石器时代就已经有了最初的农业萌芽，春秋战国时期初具规模并高速发展，此后，我国的农业生产水平逐渐提高，农学著作也不断问世。《氾（fán）胜之书》《齐民要术》《陈敷农书》《农政全书》《王祯农书》统称"五大农书"，这五大农书是中国古代农学的伟大创造，是先人的农业智慧凝结而成的瑰宝。

农业是中国古代老百姓日常生活的头等大事。对于农业生产而言，四时交替、阴晴变化就显得至关重要。于是古人通过观测天象，计算时令，预测阴晴，来保证农业生产顺利进行。这就推动了中国古代天文学的发展。史料记载，在殷商时期的甲骨刻辞中已经记录有日食、月食等天文现象。《尚书》《诗经》《春秋》

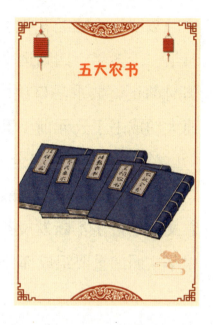

《左传》《国语》《尔雅》等古书中也有不少关于星宿的记述。远在汉代，中国就已经拥有了非常丰富的天象资料。

中医在夏商时期就已经问世，经历数千年的时间，不断完善、发展，逐渐形成了现代中医。据阜阳汉简《万物》、马王堆帛书《五十二病方》所载，战国时期我国古人已经发现了很多药物，而且对药物的性味功能也有了初步认识。其后凭借长达千年的实践和总结，我国古人归纳出了一套完善的医疗体系。

　　我国古代数学方面的成就更是十分突出，有很多项世界之最。我国是世界上最早采用十进制的国家。陕西、山东等地的出土文物显示，距今四千多年前，我国除表示个位的数字外，已经有关于十、二十、三十的记号，比古埃及早一千多年。四则运算早在殷商时期就已存在，春秋战国时的正整数乘法口诀"九九歌"直至今日仍然在使用。而大约成书于公元前 1 世纪的《周髀算经》和东汉时期的《九章算术》更是驰名全球的中国古代数学教育专著。

　　这些人文科学、自然科学诞生于人民的智慧之中，随着文明的进步不断发展并逐步走向成熟、规范，最终成为中华文明的重要组成部分。

二、中国古代科技发展简史

作为人类文明出现最早的国家之一，早在先秦时期，中国的科学技术就取得了开创性的发展。秦汉至南北朝时期，农学、天文学、医学、数学等已经基本形成，各种生产技术也趋于成熟。在欧洲处于中世纪黑暗时期时，我国的科学技术已经进入繁荣时代。直到明朝后期以前，我国的科技都处于世界领先水平。

我国地处东亚，东南临海，西北有高山阻隔。良好的地理条件减少了外来的政治和军事冲击，又给经济文化的交流留出了通道，促进了科学技术和相关思想文化的良好发展。

早在殷商时期，我国就已经进入青铜时代，当时的殷商人已经掌握了马拉战车、青铜冶炼、制阴阳合历等重要技术。

西周到战国时期，高度发展的青铜文明和随之出现的铁器时代都在中华文明史上留下了浓重的笔墨。1987年湖北随州曾侯乙墓出土的成套大型编钟，可以说代表了先秦时期青铜铸造技术的最高成就。春秋中期我国就已经有了生铁冶炼技术，战国初期发明了生铁柔化处理的可锻铸铁，战国后期出现了块炼铁渗碳钢技术。周代在历法上也有很大的发展，发明了圭表测影法，确定了冬至和夏至等节气，并最早确定了朔日。

青铜鼎

秦汉至魏晋南北朝时期，秦的《颛（zhuān）顼（xū）历》、西汉《五星占》帛书、落下闳《太初历》、刘歆《三统历》、张衡的浑天仪、王充《论衡》、裴秀《禹贡地域图》等，都体现了我国数学和天文学的蓬勃发展。大一统的君主官僚政治，需要庞大的文书运行，至东汉宦官蔡伦的改良，造纸术也发展成熟。

隋唐时期，中国长江以南的农业进入全面开发阶段，人口迅速增长。此时，科举选官制取代了士族垄断官职的九品中正推举制，刺激了更多的人读书，书籍抄印需求大增，雕版印刷术应运而生。868 年印刷的佛教经典《金刚经》是目前已知世界上现存最早的雕版印刷品。

唐朝僧人一行测定了子午线一度弧的长度。由他制定的《大衍历》为后世的历法做了细致、准确的铺垫，对后世影响极为深远。唐朝后期，面对进入中国北方的草原民族政权，常年的战备状态促进了军事技术的发展。作为炼丹副产品的火药被用于战争，军工作坊的工匠发明了最早的热兵器。

宋元时期，活字印刷术的出现提高了印刷效率，促进了文化的传播与发展。科学家沈括著《梦溪笔谈》，创制十二气历。这一历法不仅与天体实际运行状况相吻合，而且与农业生产时间相结合，具有重大现实意义和科学价值。元初郭守敬主持编定了《授时历》，打破了古代历法的习惯，对历法进行了重大改革，古代的上元纪年被正式废除。

至明清时期，徐光启与利玛窦共同翻译了《几何原本》，把众多古代西方科学成就带入中国。宋应星所著《天工开物》，被称作"中国 17 世纪的工艺百科全书"。随着文明的发展与时代的进步，中国古代的科学技术体系也在逐渐与近现代科学体系接轨。

李约瑟曾经说过："在公元 3 世纪到 15 世纪，中国的

科学技术水平远超过同时期的欧洲。"中国古代的科学技
术更注重经验性和实用性，缺乏西方科学的思辨性，这是
一大不容忽视的弊端。然而中国古代科学技术的成就仍
然极大地推动了世界文明的发展，是世界文明的重要组成
部分。

三、中国的四大发明

文明并不是孤立的，科学技术和思想文化的交流，促进了文明的不断发展。而在众多科学技术交流之中，中国古代的四大发明有着重要作用。

马克思曾说过："火药、指南针、印刷术——这是预告资产阶级社会到来的三大发明。火药把骑士阶层炸得粉碎，指南针打开了世界市场并建立了殖民地，而印刷术则变成新教的工具，总的来说变成科学复兴的手段，变成对精神发展创造必要前提的最强大的杠杆。"

提到我国古代科技的世界地位，四大发明是一个绕不过的论题。作为把历史进程推入现代的重要因素，四大发明这种说法源自欧洲。16世纪意大利学者卡尔达诺第一次提到印刷术、火药和指南针这三大发明，认为这是超越古希腊、罗马的伟大发明。17世纪以后，通过伊比利亚水手和传教士的介绍，一些欧洲人逐渐意识到，这三大发明在中国已经存在上百年。

中国现存最早的纸张，是西汉初年放马滩汉墓出土的古地图。这是由植物纤维经过复杂的工艺重组制作的真正纸张。早在西汉时期，纸就已经传播到朝鲜。大约在4世纪末，造纸术传入朝鲜和越南。610年，朝鲜僧人昙征向日本摄政王圣德王子介绍了造纸术，被日本人称为"纸神"。8世纪前后，造纸术从西亚传到中亚，成为推动伊斯兰黄金时代的重要物质基础。9世纪到10世纪，造纸术通过丝绸之路传到西域，并由此传到印度，纸质佛教经卷自此开始出现。

印刷术起源于先秦时期的印章。宋代的毕昇发展并完善了隋代的雕版印刷，最终创制出活字印刷术。这种印刷术的出现让知识的传播和交流变得更加便利。15世纪中叶，它通过两种途径传入欧洲：一种是通过俄罗斯人之手，另一种是通过阿拉伯商人携带的书籍。

活字印刷

德国人古登堡以这些中文书籍作为学习印刷术的蓝本，在欧洲发展出了自己的活字印刷术。

在活字印刷之前，书籍都是手工抄录的，这使得书的成本非常昂贵。活字印刷打破了教会对知识的垄断，让普通人也可以接触到《圣经》。这削弱了基督教会的权威，引发了一场意识形态革命。最终基督教会走向衰落，为后来启蒙运动发展创造了基础。

战国末期的《韩非子》中最早记载了"司南"一词："先王立司南以端朝夕。"司南即现代指南针的雏形。据史料记载，中国的罗盘经过阿拉伯人的有效改进后才传入欧洲。在大航海时代，航海定位非常重要。如果天气好，水手们可以通过太阳和星星辨别方向。如果天气不好，水手们就只能依靠指南针来确定方向。大航海时代不仅开辟了新的贸易路线，刺激了工商资本的积累，而且极大地扩展了欧洲人的思想和见识。

黑火药的出现改变了战争的形式，冷兵器时代被热兵器时代所取代。早在唐末五代时期，黑火药就被用于战争。13 世纪，商人们将火药带到印度与阿拉伯国家。16世纪到 17 世纪，火药已经成为改变东西方战争的重要力量。有记载的第一份火药配方可能来自唐显宗《太上圣祖金丹秘诀》中的"伏火矾法"。不同于更古老的希腊火油，黑火药自带氧化剂，无需外部空气就可剧烈爆燃。恩格斯在《反杜林论》中提到，火药和火药武器传入欧洲，"不仅对作战方法本身，而且对统治和奴役的政治关系起了变革的作用"。

中国古代科学技术在世界科技发展史上有着重要的历史地位，这些科学技术闪耀着古人智慧的光辉，对世界文明作出了巨大贡献。

—

四、中国古代科学家的治学精神

讲学不忘修德。子曰："德之不修，学之不讲，闻义不能徙，不善不能改，是吾忧也。"孔子担忧四件事情：一是没有坚持修德；二是没有坚持研究探讨学问；三是正确的事不能去做；四是犯错了不能改。孔子的这些思想也影响了古代的科学家。

孔子作为儒家的代表人物，他的思想影响着后世众多学者。立志做学问，不光要在专业上面有所建树，更要拥有良好的德行和远大的理想抱负。

《后汉书·张衡传》中记载，张衡研究地动仪的时候，因为平时潜心钻研学问，"不慕当世，所居之官辄积年不徙"。东汉顺帝初年，朝廷进行官职调整，张衡"自去史职，五载复还"，五年以后只是做回原来太史令的职位。对此，当时的同僚们取笑他"已垂翅而还故栖"，即调侃张衡在官场上不能升迁，就像一只飞了一圈收起翅膀仍旧落到原来栖息的树枝上的笨鸟。

当时有人劝诫他不必"徒经思天衡，内昭独智"，要将"无坚不钻"的聪明才智用到"以思世路"谋求升迁上，如此才能够"垂烈后昆""富贵萃之"。可是，张衡不为所动，坚持自己的志向和抱负。为了表明态度，与这些闲言碎语"观同而见异"，他特地写了一篇题为《应间》的文章，明确表示自己"与世殊技，

张衡与地动仪

固孤是求"，认为计较官职高低、俸禄多寡而不追求学问道德是可耻的。经过潜心努力，张衡终于研制出了浑天仪和地动仪。这些伟大科学技术成果，离不开张衡潜心修学而淡泊名利的可贵操守。

荀况曾经在《荀子·劝学》中引用孔子的话指出："古之学者为己，今之学者为人。君子之学也，以美其身；小人之学也，以为禽犊。"荀况也像孔子一样，反对把为学作为邀取虚名的工具。宋代农学家陈旉在著述《农书》的时候，也提到其目的并不是"夸张盗名"，并特意在《农书·序》中表明"文中子慕名而作为可耻"。

屈原在《橘颂》中歌颂了"秉德无私，参天地兮"的无私精神。古代学者认为治学不能用以谋求私利，邀取虚名。唐代医学家孙思邈认为为医必须"志存救济"。他在《千金要方·论大医精诚》中说："凡大医治病，必当安神定志，无欲无求，先发大慈恻隐之心，誓愿普救含灵之苦。若有疾厄来求救者，不得问其贵贱贫富，长幼妍媸，怨亲善友，华夷愚智，普同一等，皆如至亲之想。亦不得瞻前顾后，自虑吉凶，护惜身命。见彼苦恼，若己有之，深心凄怆，勿避崄巇、昼夜寒暑、饥渴疲劳，一心赴救，无作功夫形迹之心。如此可为苍生大医，反此则是含灵巨贼。"学习治病需发乎恻隐之心，对待医患一视同仁，不问其贵贱，只一心治病救人。

明末清初学者顾炎武在《日知录·文须有益于天下》中说："文之不可绝于天地间者，曰明道也，纪政事也，察民隐也，乐道人之善也。若此者有益于天下，有益于将来，多一篇，多一篇之益矣。若夫怪力乱神之事，无稽之言，剿袭之说，谀佞之文，若此者，有损于己，无益于人，多一篇，多一篇之损矣。"顾炎武认为做学问不但要"有益于天下"，还要"有益于将来"，埋首故纸堆是毫无意义的。

从上面的众多示例之中可以清楚地看到，在我国古

代，不管是科学家、医学家，还是文学家都有非常严谨的
治学精神。科学家的治学精神主要包括两个方面：一方面
要"秉德无私"，不以私利为目标；另一方面要出于公心，
有益于天下。只有做到这两方面，才能真正有益于自身学
问和修养的进步。

第二章

古代
农学家

一、赵 过

　　人们对于赵过的生平了解甚少，只知道汉武帝时期他曾经担任过搜粟都尉一职。然而就算没有多少人了解他的故事，后世也不会忘记他的贡献。赵过和他所创造的新农具和新耕作技术，将永远留存在中国农业史上，被后世称颂。

　　《汉书·食货志》记载："武帝末年，悔征伐之事，乃封丞相为富民侯。下诏曰：'方今之务，在于力农。'以赵过为搜粟都尉。"大概意思是说，汉武帝晚年后悔以前四处征伐，导致国库空虚，于是提出"方今之务，在于力农"，并且任命赵过为搜粟都尉。

　　赵过是我国古代著名农学家，在农业耕种方面拥有丰富经验。为了提高农作物产量，他还煞费苦心地推行过代田法。

　　代田法是一种适合旱地耕作的耕种方法。清代程瑶田在《沟洫（xù）疆理小记》中说："代田者，更易播种之名。播则垄休，岁岁易之，以畎（quǎn）代垄，以垄处畎，故曰岁代处也。"代田法是把土地整理成畎与垄，每年都在畎垄之间交替种植，从整块地的休耕变为同一块土地上局部耕地交替休耕。这种耕作方式大幅提高了土地的利用效率，在肥料不足的情况下，既能恢复地力，又能增加产量，在当时是一种非常先进的耕作方式。

据汉昭帝时桓宽的《盐铁论》记载，代田法主要在关中地区和西北边郡加以推广，最终取得了"民皆便代田，用力少而得谷多"的良好效果。

我国北方黄河流域气候条件独特，降雨量相对较少，尤其春季干旱多风，因此，使用代田法这种可以防风抗旱的耕种方法，增产效果显著。代田法的推行对恢复当时的社会经济起到不小的作用，而且对后世农业技术的发展也产生了深远的影响。

在推广代田法的同时，赵过又大力推广牛耕，并专门设计和制作了新型配套农具，"其耕耘下种田器，皆有便巧"。赵过为了适应代田整地、中耕和播种的需要，发明了一种颇有效率的播种机——耧车。东汉崔寔（shí）的《政论》中记载，赵过"教民耕植，其法：三犁共一牛，一人将之，下种挽耧，皆取备焉。日种一顷，至今三辅犹赖其利"。所谓"三犁共一牛"就是指用一头牛牵拉的三脚耧。这种耧能同时播种三行，比原来的"一脚耧"效率高很多，一天能播种一顷地。使用这种耧，一次可完成开沟、下种、覆盖三道工序。因为功能多样、耕种效率高等特点，这种农具直到中华人民共和国成立前仍然在关中地区使用。

赵过还在全国范围推广使用名为耦犁的农具，采用二牛三人的办法，逐渐普及铁犁和牛耕法。1950 年在江苏睢宁县出土的东汉画像石上，就有二牛一人一犁的农耕图。

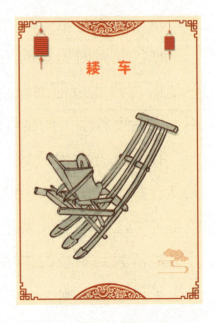

耧 车

当时的农户缺少耕牛，仍用耒（lěi）、锸（chā）耕种。平都县令向赵过建议"以人挽犁"和"教民相与庸挽犁"，即通过使用人力挽犁和换工的方法来解决底层劳动人民缺少耕牛的问题。在赵过的主持下，农户们改进了农耕工具，革新了耕种技术，提高了农业收成。

二、氾胜之

一个封建王朝想要稳定发展，离不开农业生产。而中国作为一个农业大国，在农业生产上自然有着众多建树。西汉时期，氾胜之把他的农耕经验撰写成一部书籍，于是就有了《氾胜之书》。

氾胜之的祖先原姓凡，秦朝战乱时到氾水地区避难，因此改姓氾。汉成帝时期，氾胜之曾经担任议郎，这一职位类似皇帝的顾问，没有实权。之后氾胜之又被任命为劝农使者，主要负责都城长安附近农业生产相关事宜。后来又被任命为御史。颜师古注引刘向《别录》："使教田三辅，有好田者师之。徙为御史。"《晋书·食货志》对氾胜之也有记载："昔汉遣轻车使者氾胜之督三辅种麦，而关中遂穰。"

氾胜之是中国古代四大农学家之一，他的著作《氾胜之书》成书于西汉末年，全书原本分为二卷十八篇，系统阐述了农业日常生产的相关知识与技术，是现存最早的讲述农业理论相关知识的书籍。

《汉书·艺文志》记载，《氾胜之书》又被称作《氾胜之十八篇》，也叫《氾胜之农书》《氾胜之种植书》。《氾胜之书》在北宋时期遗失了一部分内容，后人又从《齐民要术》及《太平御览》等典籍文献中收录了大概三千字。虽然如今我们能够看到的《氾胜之书》是一部残本，但书中所记载的大量农业知识以及传递的农学思想却非常重要。

因为氾胜之在黄河一带任职，所以《氾胜之书》中主要对我国古代黄河流域劳动人民的农业生产经验进行了总结和记载。书中所记载的耕作原则和作物栽培技术，对我国古代农业生产起到了极大的促进作用。

《氾胜之书》首次记载了一种名为"区田"的耕种技术。"区田法"的核心思想在于通过精耕细作的方式提高农作物的产量，先将耕地中间挖出沟壑，此即为区，之后在区中进行点播，同时需要注意中耕除草、饱和灌溉等问题。这种区田的耕作方法在关中一带一直沿用到清朝时期。直至中华人民共和国成立后的一段时间，陕北地区的农民还使用这种古老而有效的耕作法。

《氾胜之书》不只记载了区田这种耕作方法，还总结记录了大量其他各有侧重的耕作技术以及多种农作物的栽培技术。作为中国古代内容比较全面的农业科学技术论著，《氾胜之书》在当时声誉斐然，它的出现极大丰富了中国古代农业技术，对后世农业的长期发展也产生了十分重要的影响。唐朝学者贾公彦曾说过："汉时农书数家，氾胜为上。"从贾公彦对于《氾胜之书》的评价不难看出，这本农书在农学史上的崇高地位。

氾胜之对中国农业科学技术发展的贡献是多方面的。除了撰写农书，他还极力推广种子的穗选技术，即从田里选出籽粒既大又满的穗，留作播种用。他发明推广的"溲种法"（在种子上粘上一层粪壳作为种肥），直到今天仍在使用。

三、杜 诗

在古代，大多数当官的人都希望自己的官位能越做越大，然而杜诗却两次向光武帝刘秀递交辞呈，一心想降职。而光武帝的态度也很明确，史书上对此只记载了七个字："帝惜其能，不许之。"

杜诗是光武帝时期的南阳太守，在任期间功绩众多，深受百姓爱戴。杜诗被南阳百姓称作"杜母"，而前任南阳太守召信臣则被称作"召父"，这也是"父母官"一词的由来。

据史书记载，杜诗"少有才能，仕郡功曹，有公平称"。杜诗的成就不只体现在做官方面，在科学方面，他也颇有建树。在南阳做官期间，他兴修水利，制作水排，为我国古代科学技术的发展作出了重要贡献。

南阳郡水资源丰富，汉水支流贯通全境百余里，江河两岸土地丰饶，但因河床泥沙淤积，河水经常泛滥。杜诗立志"为民兴利"，他从前人的治水方法中总结经验，修建池塘，开拓大量田地，并对当地水文环境加以改造，逐年增加灌溉面积，最终"多至三万顷"。

经过杜诗一番励精图治，几年下来，南阳郡人口倍增，百姓"莫不耕稼力田""畜积有盈余，比室殷足"。著名文学家张衡在《南都赋》中描述南阳："沟浍脉连，堤堰相接，冬稻夏麦，随时代熟。"

农业发达了，自然就需要大量农具。制造农具需要冶炼，而水排就是一种冶炼工具。在古代，冶铁用的鼓风工具叫作"橐（tuó）"。人们用橐把风鼓入炉中，就能使炭火更旺，炉温更高。把炭火吹旺，金属就会更容易熔化。

把许多橐排起来，同时鼓风，这种多管鼓风工具被称为"排橐"，简称为"排"。《后汉书·杜诗传》记载，杜诗"造作水排，铸为农器，用力少，见功多，百姓便之"。唐朝章怀太子李贤为《后汉书》作注，称水排是"冶铸者为排以吹炭，今激水以鼓之也"，意思是说水排是一种用水力推动排橐的鼓风装置。鼓风装置由人力驱动发展到水力驱动，是我国古代冶炼技术的一次重大革新。

杜诗造的水排如何运作，史书并无过多记载。人们对于水排结构的了解，更多来自元代王祯的《农书》。《农书》记载："其制，当选湍流之侧，架木立轴（yóu），作二

卧轮；用水激下轮。则上轮所用弦通缴轮前旋鼓……则排
随来去，搧（biǎn）冶甚速，过于人力。"

根据王祯的描述，水排就是
在木架上安装一个转轴，然后在
转轴上下两端各安装一个卧轮。
用水的落差产生的能量作动力，
使下面的卧轮推动转轴，从而带
动上卧轮一起旋转，排囊随之运
转起来。这种工作效率"过于
人力"。

水 排

杜诗创造的水排可分为两种
类型：立轮式和卧轮式，两种水
排各有侧重。立轮式水排结构简单，功率小，适用于小型
冶炼。卧轮式水排结构复杂，功率更大，适用于规模较大
的冶铁工场。

建武十四年（38 年），杜诗病逝。谁也没想到，让南
阳"畜积有盈余，比室殷足"的杜诗"贫困无田宅，丧无
所归"。最后还是由皇帝"诏使治丧郡邸，赙绢千匹"。

现在，水排虽然早已被更为先进的技术工具替代，
但是它对水能的利用有着深远影响。据考证，欧洲人发

明与水排类似的机械装置，要比杜诗晚一千二百多年。
李约瑟曾称赞，中国的水排对世界文明作出了巨大的
贡献。

四、贾思勰

有这样一本书，被称作"惠民之政，训农裕国之术"，唐宋以来的农书无不以它为范本，它就是中国古代五大农书之首的《齐民要术》。它的作者是我国著名农学家贾思勰。

贾思勰是一位为我国古代农业发展作出过重大贡献的农学家。他是北魏时期青州益都（今山东寿光）人，他的生平事迹在史书中并没有详细记载，我们只能通过他的农学著述《齐民要术》对他有一个大概了解。

书中记载，贾思勰出生在一个书香门第，曾担任过高阳郡太守。北魏时期社会动荡，战乱频繁。在这种情况下，贾思勰深刻认识到恢复国民经济、让人们生活富足安康的重要性，因此开始深入研究和学习农学知识。经过多年的学习、分析、整理和总结，最终他将毕生所学著成农学经典《齐民要术》。

《齐民要术》大约在北魏永熙二年（533年）至东魏武定二年（544年）写成，直至北宋年间，靠手抄的方式流传五百余年。北宋时期，书籍刻印业高速发展，《齐民要术》才得以大规模翻印。贾思勰在《齐民要术》中建立了较为完整的农业科学体系，并对以实用为特点的农学类目做出了合理的规划。

《齐民要术》在《隋书·经籍志》"农家类"中有著录，全书共十卷九十二篇。书中详细介绍了各种农作物的栽培种植方法和经验，对于野生植物的利用也有详细记载。除此之外，还有大量关于畜牧业及农副产品加工业等记载，几乎囊括了农、林、牧、副、渔等所有农业生产活动。贾思勰在记录农业技术的同

时还收集和记载了大量植物。对于缺乏实物佐证的植物，贾思勰还特别申明："种莳之法，盖无闻焉。"

贾思勰不仅在意农学相关的技术，还很重视各种农业与农副产品加工业之间的密切联系。他在《齐民要术》中

对大量农业产品的结构体系进行了详细论述，这对中国农业科技的发展具有积极意义。《齐民要术》中所记录的各种农业知识体系推进了后世农业技术的发展，直至今日仍然颇有研究价值。

《齐民要术》对当时的农业科学技术新进展进行了及时总结与归纳，为中国农学补全了许多前人未曾注意到的优质内容。在"种谷第三"中贾思勰自己收集补充了粟的八十六个品种，再加上前人早已发现的十一个品种，补全了粟的九十七个品种。

除此之外，贾思勰还注重事物的自然发展规律，在实践的基础上，对农业相关知识进行归纳与总结。"种谷第三"中有"顺天时，量地利，则用力少而成功多，任情返道，劳而无获"的记载，也有"入泉伐木，登山求鱼，手必虚；迎风散水，逆坂走丸，其势难"的表述，这些都是贾思勰从实践中总结出的顺应自然发展规律的宝贵经验。

贾思勰在《齐民要术》中旁征博引，认真学习、积累和总结前人的农学智慧，收集记录了不下一百种古代农书的精华，保存了诸如《氾胜之书》《四民月令》《陶朱公养鱼经》等著作的部分内容，无论对农学还是史学来说，都具有重要意义。

五、陆龟蒙

唐代有这样一位隐者，他的事迹被记载在《新唐书·隐逸传》里，与王绩、孙思邈、王希夷、张志和、陆羽等人齐名。他一方面精于文字，写下了大量诗文；另一方面又关心民生，编写了专门介绍古代农具的农学著作《耒耜经》。他就是唐代著名诗人、农学家陆龟蒙。

陆龟蒙，字鲁望，号江湖散人，姑苏（今江苏苏州）人，出身于败落的世家，自幼聪慧，对儒家经典有深入的了解，尤其精通《春秋》。陆龟蒙曾在朝廷任职，后来返回故乡松江甫里，过起了隐居生活，后人称其为"甫里先生"。

陆龟蒙不仅在文学方面有较高的造诣，还曾经亲自从事农业生产，对农具的类别、耕作技术等有深入研究。《耒耜经》就是陆龟蒙对其参与农业生产的实践经验和访谈农民生产经验的总结。

《耒耜经》是一部专门记录各种各样农具的书籍，在中国古代众多的农学著作之中独树一帜。在《耒耜经》之外的众多农书之中，很少会有专门对农具进行讲解的书籍，那些农书大多数以专业的农耕知识为重点。

陆龟蒙在《耒耜经》序言中写道，"耒耜"是农业类相关书籍中的专业词语，在民间，人们更习惯称呼这种农具为"犁"。《耒耜经》主要就是介绍"犁"这种农具。

陆龟蒙在《耒耜经》中提到晚唐时期江南地区人们所常用的众多农具，详细介绍了犁、耙等农具，对于现代人了解古代农具有重要作用。犁作为古代最为重要的耕垦农具，在我国有着悠久的历史，西汉武帝时期的赵过就曾对犁做过较大改进。《耒耜经》记载，当时在长江下游流行一种曲辕犁，被人们称作"江东犁"。江东犁由铁制和木制的十一个部件组成，结构和形式与现在一些农村经常使用的传统犁十分相似。江东犁的使用，对改善水田耕作质量和提高劳动生产率起到了重要作用，在我国农业史上具有划时代的意义。

　　作为农学家，陆龟蒙十分了解日常农业生产生活，对虫害防治也颇有心得。他在《蠹化》一文中记载了关于柑橘害虫生物防治的办法。在《禽暴》一文中，陆龟蒙指出野鸭和海鸥一类的禽鸟也会破坏稻田，并针对这些禽鸟提出了一些相应的防治办法。在《记稻鼠》一文中，陆龟蒙又讲了田鼠对水稻的危害以及相应的应对方式。在《南泾渔父》一诗中，陆龟蒙则提倡"种鱼"，反对"药鱼"，这种保护渔业资源的长远眼光也非常人可比。

　　在《耒耜经》的最后，陆龟蒙写道："因书为《耒耜经》，以备遗忘，且无愧于食。"正如鲁迅先生在《小品文的危机》中说的那样，陆龟蒙虽然是一位隐者，但是他"并没有忘记天下，正是一塌糊涂的泥塘里的光彩和锋芒"。

王祯，字伯善，山东东平人，元代农学家。《王
祯农书》中说："古者天子亲耕，皇后亲蚕。下
逮公卿侯伯之国，与夫守令之家，俱当亲执耒耜，躬务农
桑，以率其民。如此，野夫田妇庸有不勤者乎？"王祯认
为作为地方官，必须身先士卒、以身作则，亲自参与到农
业生产之中，如此才能带动广大农民努力耕种。于是，王
祯在大量研读古代农书之余，还亲自参与日常的农业生
产，与普通百姓一同耕种。

王祯与汉代的氾胜之、北魏的贾思勰、明代的徐光
启，并称为我国古代"四大农学家"。他所著的《王祯农
书》（亦称《农书》）在中国农学史上的地位非常高。这部

著作吸取了前代众多农书之中的精华，并将其与王祯自己日常的农业生产实践经验相结合，对各种农业知识的记载可谓无所不包。

对比其他农书，《王祯农书》有着自己的特点。这部农书中不只有耕田和收种相关内容，对增加土地肥力与灌溉的相关内容也有详尽的记载。而且王祯没有局限于某一地的农业生产，而是同时对中国南北方的农业相关技术进行了分析和对比。比如在垦耕方面，王祯在书中就详述了南北方的差异，并强调："自北至南，习俗不同，日垦日耕，作事亦异。"

在内容上，《王祯农书》分为农桑通诀、百谷谱、农器图谱三个部分，对当时农业生产技术进行了系统的总结。"农桑通诀"介绍了我国农业发展历史，并全面、系统地论述了农业生产过程和动植物育养知识；"百谷谱"则详细讲述了多种作物的栽培技术与方式；"农器图谱"篇幅最广，占据了大概五分之四的内容，主要介绍各类农器，是《王祯农书》中最具价值的部分。

在《王祯农书》出现以前，陆龟蒙的《耒耜经》也对农具进行了详细的论述。然而《耒耜经》所记载的农具并不全面，与之相比，王祯的"农器图谱"中记载的农具数量更多，也更为详尽。同时，《王祯农书》中还有相关农具的图画记载，可以让读者更为直观地了解农具的具体形制。在《王祯农书》以后出现的众多农书，对于农具相关内容的介绍也大多数引用此书中的"农器图谱"。

《王祯农书》中详细记载了一百多种农具，同时对这些农具的具体使用方法也有所描述。书中极力推荐广大农民使用新农具，这对革新当时相对落后的农业生产方式起到了极大的推动作用。

王祯作为一位劝农兴桑、积极发展农业生产的农学家，他的言行充满了对穷苦人民的深切同情。在《王祯农书》中，他毫不留情地对"苛敛不已，朘（juān）削脂膏以肥己"的"在上者"进行了猛烈抨击。这种悲天悯人的情怀，值得后人敬仰。

七、徐光启

大多数人知道徐光启是因为他在数学上的卓越贡献。其实，作为一位学识渊博的科学家，徐光启不仅精通数学，在农学上也成绩斐然。

徐光启出生在上海松江府，是明朝著名科学家。他跟随西洋传教士利玛窦学习西方的各种先进科学技术，毕生致力于探索科学的道路。《几何原本》一书就是由徐光启与利玛窦通力协作进行翻译的。《几何原本》极大地影响了中国原有的数学学习和研究习惯，改变了中国数学发展方向，奠定了中国现代数学的基本术语。但除了在数学方面的成就，徐光启在农学方面也颇有建树。

和其他农学家一样，徐光启也践行着农本思想。在农学方面，徐光启著作甚多，其中最著名的当数《农政全书》。作为一本意义重大的农学著作，《农政全书》深刻体

现了徐光启的"农政"思想——农业是保证人民生活富足
与国家安定的根本。

《农政全书》前半部分主要
讲解关于农政的各项相关措施，
而后半部分主要讲解各种用以实
现农政措施的具体农业技术。书
中花费了大量篇幅详细记载了如
垦荒、水利、荒政等与农业息息
相关的内容。

徐光启认为，水利是农业的
基础，没有水就没有田地。当时
的情况是中国西北方广阔的土地
被荒废，京师和军队只能从遥远的地方运输粮食，其成本
是非常惊人的。为了解决南粮北调的矛盾，他建议在荒地
上进行屯垦，并大力兴修水利，从而让人民的农业生产更
加高效，生活更加富足。

徐光启不仅重视农政，对于农业技术也十分重视。他
根据自己多年亲身参与农业生产的经验，在《农政全书》
中添加了许多具有实际意义的优质农业技术内容，从而使
《农政全书》的内容更加丰富充实，成为后世称赞的农业
百科全书。

对比其他大型农书，《农政全书》不仅有传统的农本思想，还处处散发着农政之光。徐光启作为一位农学家，认为"富国必以本业"。无论是《王祯农书》还是《齐民要术》，这些古代农书都没有脱离纯技术性书籍的本质，而《农政全书》则跳出了这一思想上的圈子，以更为宏观的角度去论述农业发展对国家的意义。

徐光启在整理前人农学著作的时候，并没有盲目地沿袭古人，而是对相关内容进行了仔细甄别，对于一些迷信内容进行了批判性的记载。对于所收集的文献，徐光启也采取"玄扈先生曰"的形式，或指出错误，或补充不足，或指出古今差异。正像他自己在书中说的那样，玄扈先生真正的目的在于"著古制以明今用"。

徐光启一生"于物无所好，唯好经济，考古证今，广咨博讯。遇一人辄问，至一地辄问，闻则随闻随笔。一事一物，必讲究精研，不穷其极不已"。这种生活简朴、专心治学的大家风范在《农政全书》中有着最为明显的表达。

第三章

古代
数学家

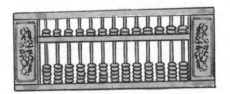

一、刘 洪

現在的经商之人一定不能缺少的一样东西，就是计算器。而在计算器诞生之前，中国古代就出现过一种古老的计算工具——算盘。提到算盘，就不得不提我国汉末伟大的数学家刘洪。

刘洪，东汉泰山郡蒙阴县（今山东蒙阴）人，被后世尊称为"算圣"，《后汉书》中评价他："洪善算，当世无偶。"刘洪一生成就斐然，除了发明了算盘，创造出正负数珠算，还撰写了一部先进的历法《乾象历》。

"珠算"一词最早出现在东汉时期著名学者徐岳的《数术记遗》中。据《数术记遗》记载："刘会稽，博学多闻，偏于数学……隶首注术，乃有多种，其一珠算。"书中记载的"刘会稽"就是刘洪。

刘洪发明的正负数珠算与今天使用的珠算虽然有很大区别，但他的发明确实大大提高了计算的速度和精度，使人们的计算能力产生了历史性飞跃。

刘洪发明的算盘对推动计算方法的进步也作出了很大贡献。这种算盘不仅构造简单、使用方便，而且法则精妙。在电子计算器问世之前的一千八百多年里，没有任何计算工具能与之相媲美。

明代永乐年间的算盘已经有了现代算盘的雏形："一尺二寸长，四寸二分大。框六分厚，九分大，起碗底，线上二子，一寸一分；线下五子，三寸一分。长短大小，看子而做。"当时的算盘中间横梁并不是木制的，而是由绳子隔开的。到了万历年间，程大位撰写的《直指算法统宗》中的算盘插图，已经和现在的算盘没有什么区别了。

刘洪不仅发明了正负数珠算，在天文历法上也取得很高的成就。他确立了中国古代的近点月概念和它的长度的计算方法，计算月亮运动不均匀性改正值的方法，还确立了黄白交点退行的新概念以及具体的退行值。

刘洪认为"明历兴废，以天为节"，他善于总结前人

的经验和思想，又通过自己长期的实践和探索去粗取精，
对前人思想进行筛选和锤炼。他编撰的《乾象历》弥补了
传统历法的不足，为传统历法带来了技术上的革新，对后
世天文历法的发展产生了极其深远的影响，是中国古代历
法研究的里程碑。

二、刘　徽

《九章算术》是我国数学史上一部重要的著作，其成书时间和具体作者已不可考。魏晋时期数学家刘徽为《九章算术》作注，现在我们所使用的许多数学概念都是由他定义的。同时，他还对《九章算术》的公式解法进行了系统的证明，为方便后人学习《九章算术》作出了重大贡献。

刘徽是中国古典数学理论的奠基人之一，史书上对他的生平记载甚少。他著有《九章算术注》《海岛算经》，为后人留下了大量数学遗产。

《九章算术》是一部世界数学名著，共有方田、粟米、衰分、少广、商功、均输、盈不足、方程、勾股九大章节。书中详细记载了上百个数学问题的解法，其中不乏联立方程、分数的四则运算等，这些问题的解法在当时来说十分先进。不过，原书中对大多数问题的解法没有记载具体的解题步骤。刘徽为了方便后人学习《九章算术》，对其作注，补充了书中缺少的解题过程。刘徽在《九章算术注》中所运用的数学知识多样而繁杂，形成了一个十分独特的理论体系。

刘徽的《九章算术注》奠定了中国古代数学体系的理论基础。如今我们所使用的许多数学概念都是由刘徽提出的，例如幂、方程、正负数等。刘徽的论述详尽，推理过程细致、严谨、合乎逻辑，很好地补足了《九章算术》中所缺少的部分内容，为后人学习《九章算术》提供了极大的便利。

刘徽在数学上的贡献不止于此，他还用割圆术证明了圆的面积公式是"半周半径相乘得积步"，计算圆周率的科学方法则是"割之又割，以至于不可割，则与圆周合体而无所失矣"。刘徽提出的割圆术为后世数学家正确测定圆周率创造了前提条件。对于开方除不尽的问题，刘徽还首次提出了"求徽数"的思想，这种思想与后来求无理根的近似值的方法相同。"求徽数"不只是精确运算圆周率的必要条件，还是推动十进小数形成的重要条件。

刘徽自撰的《海岛算经》出自《九章算术注》，原为《重差》，唐初开始独立成书。书中共九问，都是关于高度和距离测量的问题。用测量工具多次从不同位置进行测量，通过计算测量所得的各项数据，从而求出山的高度或者峡谷的深度，这种计算方法就叫作"重差"。

在《海岛算经》中，刘徽还运用"类推衍化"的方法，使重差术由两次测望，发展为三望、四望，也就是进行三次、四次测量来解决实际生活中遇到的各种与测距相关的数学问题。这种多次测望法在测量数学领域十分先进，为中国古代地图学的发展奠定了数学基础，也为世界数学的发展作出了伟大的贡献。

《九章算术注》和
《海岛算经》

三、祖冲之

一千多年前，一位数学家计算出了圆周率（π）小数点后七位数字；一千多年后，为了纪念这位伟大的科学家，人们将月球上的一座环形山和小行星 1888 用他的名字命名。他就是祖冲之。

祖冲之生于南北朝时期，祖籍范阳郡遒县（今河北涞水）。他不仅是一位数学家，同时还通晓天文历法、机械制造、音乐。祖冲之自述，早年专功数术，搜罗考察历史文献，对一些可能错误的结论，亲自测量，仔细推算，"亲量圭尺，躬察仪漏，目尽毫厘，心穷筹策，考课推移，又曲备其详"。

祖冲之博学多才，深受皇帝赏识，因此获得了进入皇家藏书馆"华林学省"研究学习的机会。后来他又到总明观任职。总明观是一个集藏书、研究、教学于一体的国家机关，在这里，祖冲之接触了大量国家藏书，包括天文、历法、术算方面的书籍，具备了研究各种学问的先决条件。

不管是古代，还是现代，圆周率的应用都很广泛，尤其是在天文、历法方面，凡牵涉到圆的一切问题，都要使用圆周率来推算。如何正确地推求圆周率的数值，是世界数学史上的一个重要课题。而祖冲之是第一个将圆周率精确计算到小数点后七位的数学家。

在古代，有这样的成就是什么概念呢？阿基米德被称作"有史以来最伟大的数学家"，他也只能将圆周率算到 3.14。魏晋时期的刘徽用"割圆术"，也就是不断在圆中增加多边形的边，从而不断逼近圆的面积，硬生生地画出了三千零七十二边形，最终也只能达到圆周率小数点后四位的精度。

祖冲之在刘徽的基础上继续努力，用割圆术计算十一次，分割圆为一万二千二百八十八边形，最终使圆周率精确到了小数点以后第七位。直到 15 世纪，这个记录才被伊朗数学家卡西打破。祖冲之还给出了圆周率的两个分数形式：22/7（约率）和 355/113（密率），其中密率精确到小数点后第七位。这一密率值是世界上最早提出的，比欧洲早一千多年。在西方，直到 16 世纪才由荷兰数学家奥托重新发现。可以说，祖冲之用他的才智，"统治"了圆周率近千年。他推算的圆周率数值，对于中国乃至世界都有重大贡献。

祖冲之还曾写过《缀术》五卷，被收入著名的《算经十书》中。在《缀术》中，祖冲之提出了"开差幂"和"开差立"的问题，这是用二次、三次代数方程求解正根的问题。以前没有过三次方程的解法，祖冲之的解法是一项创举。"开差幂"是已知长方形的面积和长、宽的差，用开平方的方法求它的长和宽。而"开差立"是已知长方体的体积和长、宽、高的差，用开立方的方法求它的边长。

《缀术》曾流传至朝鲜和日本，在朝鲜、日本古代教育制度、书目等资料中，都曾提到《缀术》。

不过十分遗憾的是，记载着他数学思想精华的《缀术》，因为过于深奥而失传。据《隋书》记载："指要精密，算氏之最者也。所著之书，名为《缀术》，学官莫能究其深奥，故废而不理。"史书给予如此高的评价，足可见《缀术》一书的价值。

祖冲之不仅精通数学，在天文领域也颇有造诣。通过对各种天象的长期观察，祖冲之创造了《大明历》（"大明"并非指后世的明朝，而是指南朝宋孝武帝的年号）。

在《大明历》中，祖冲之首次将"岁差"引进历法，为历法带来了一次革新。祖冲之提出了每三百九十一年设置一百四十四个闰月的新闰周，使中国古代历法的精确度有了很大提高。按照祖冲之的推算，一回归年长度为365.2428148日，误差与今推值仅差五十秒左右。

除了数学和天文，祖冲之在机械制造上也颇有成就。西晋初年，杜预改进发明了"连机碓"和"水转连磨"。祖冲之在杜预的基础上，把水碓和水磨两种不同的工具相结合，制造出"水碓磨"，极大地提高了生产效率。直至今天，这种加工工具在我国南方部分农村地区仍在使用。还设计制造过指南车、定时器等。

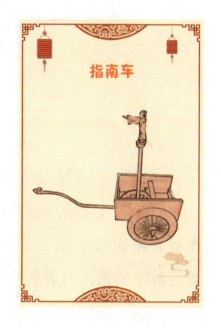

指南车

总的来说，祖冲之在数学、天文历法和机械制造方面都有杰出的贡献，他为后世留下了多项创造发明，以及许多科学与文学专著。《南史·祖冲之传》中评价他："冲之解钟律博塞，当时独绝，莫能对者。"中华文明正是靠着一个又一个像祖冲之这样的智者，立足大地，仰望星河，才能有如今的博大与辉煌。

四、王孝通

关于三次方程的近似解法，早在 7 世纪时就已经在我国出现，并被记载在了《缉古算经》之中。

《缉古算经》原名《缉古算术》，是中国现存最早的记载解三次方程方法的数学书籍，它的作者是隋唐数学家王孝通。《缉古算经》作为古代极为重要的数学典籍，有着极高的学术地位。

根据《旧唐书》《新唐书》《唐会要》记载，王孝通在唐高祖武德年间担任算学博士，一生致力研究数学，为后世留下了许多数学方面的宝贵财富。

王孝通对前人所撰《九章算术》等数学著作进行了深入研究。王孝通认为《九章算术》中虽有"平地役功受袤之术"，但"旧经残驳，尚有缺漏"，于是开始探求更完善、更科学的计算方法。他长期潜心钻研先辈遗留下来的数理教育经典，并根据当时生产、生活中出现的大量土木工程问题，把抽象的数学知识和实际应用相结合，最终探索出了更为全面细致的科学算法，并撰写成《缉古算经》。王孝通对《缉古算经》颇为自信，成书之后，他上奏唐太宗李世民时说："请访能算之人考论得失，如有排其一字，臣欲谢以千金。"

作为我国古代的算学经典，《缉古算经》虽然只有寥寥二十道题目，但是涵盖的内容却非常广泛。从天文历法的计算到土木工程中的土方体积，再到仓库及地窖等的容量，解决了当时人们生活中遇到的无数难题。这类问题算法复杂，对于当时的数学家来说是相当高深的学问。当时的国子监按照难度给不同的科目制定相应的学习年限，其中《缉古算经》要学整整三年，是除了《缀术》以外学习年限最长的书籍。

唐朝时期，数学家的必修课叫作"算经十书"，《缉古算经》正是其中之一。《缉古算经》中记载的"开带从立方法"十分先进，是数学史上的一次重大突破，补足了中国古代数学家在建立和求解三次方程方面的空白。

　　王孝通不但对唐代数学发展作出了杰出贡献，对后世数学的发展也贡献颇多，不愧为我国古代伟大的数学家。

五、杨　辉

　　"杨辉三角"是中国数学史上的瑰宝。它通过把二项式系数图形化的方式，让人们能够更直观地理解代数，这种先进的数学思想对后世的影响十分深远。

　　"**杨**辉三角"虽然以杨辉命名，却不是杨辉第一个发现的。北宋时期有位数学家名叫贾宪，他发现了这一理论。而后南宋时期，数学家杨辉在《详解九章算法》中引用了贾宪的这一理论，并将其称为"开方作法本源"图，并在书中特意指出这张图"出释锁算书，贾宪用此术"。

　　"杨辉三角"是二项式系数在三角形中的一种几何排列。它在数学中的实际应用非常广泛，无论是解释二项式定理，还是作为开方的工具，都发挥着重要作用。欧洲数学家帕斯卡直到1654年才发现这一伟大的数学概念。然而此时距离杨辉的发现已经过去了近四百年，贾宪更是在六百多年前就早已有所建树。

杨辉与李冶、秦九韶、朱世杰并称"宋元数学四大家"。他一生著述众多，《日用算法》《续古摘奇算法》《乘除通变本末》《详解九章算法》《田亩比类乘除捷法》等数学典籍，不仅给我们留下了宝贵的算学财富，也为我们了解当时人们的数学水平留下了宝贵资料。

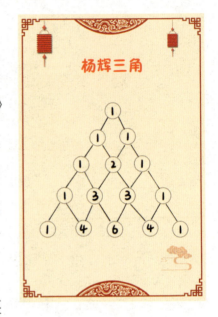

杨辉曾说："乘除者本钩深致远之法。《指南算法》以'加减''九归''求一'旁求捷径，学者岂容不晓，宜兼而用之。"他的数学研究与数学教育工作的重点在于改进筹算乘除计算技术，总结各种乘除捷算法。在归纳和总结前人算学知识的基础上，杨辉提出了"相乘六法"。"相乘六法"中的许多计算方法理念十分先进，与现在人们所使用的乘法分配律非常相似。杨辉不遗余力地改进计算技术，大大加快了计算工具的改革步伐。

现在人们常玩的一种名为幻方的数字游戏，杨辉将之称作"纵横图"。他在《续古摘奇算法》中作纵横图十三幅，不仅找出了纵横图的编造方法，对编造纵横图的一般规律也有所发现和概括。可以说，《续古摘奇算法》是世界上对幻方最早的系统研究和记录。自此以后，算家关于纵横图的研究相继不绝。

杨辉在数学上还有一项重大成就，那就是研究了垛积术。垛积术主要是指关于高阶等差级数求和问题的求解方式。这是继沈括的"隙积术"之后，针对高阶等差级数求和问题加以研究得出的数理结果。

杨辉不仅是一位数学家，还是一位教育家。杨辉对数学基础教育的普及十分重视。他的许多作品中，有相当多的部分是为数学基础教育而作。此外，《乘除通变本末》中记载，杨辉曾经专门制定"习算纲目"，以方便初学者进行系统学习。杨辉的《乘除通变本末》也体现了他关于数理教育的基本理念与思想，是我国数理教育史上的重要文献。杨辉一生治学严谨，他的这些教育理念与方法，至今仍有非常重要的参考价值。

六、程大位

程大位将数学从筹码计数改进为珠盘计数，并确立了算盘用法，完善了珠算口诀。

程大位，字汝思，号宾渠，徽州府休宁县（今安徽黄山）人，明代数学家、珠算家。程大位出生于明朝嘉靖年间，年轻时在长江中下游一带经商。在日常的商务往来中，程大位发现传统筹码计数法并不便利，为了改善这一点，他决定编撰一部简洁的、能够满足日常经商需要的数学书。于是他回到家乡，用了二十年时间完成了一部数学著作《新编直指算法统宗》。

《新编直指算法统宗》简称《算法统宗》，共有十七卷，五百九十五个数学问题。成书之后，程大位精益求精，对《算法统宗》进行精简，写成《算法纂要》四卷，《算法纂要》后来成为民间数学家的必备书目。

相比于现在已经成熟的乘法口诀和加减乘除运算，古代的计算方法相对匮乏，《算法统宗》一书的出现，填补了古代计算方法上的缺失。《算法统宗》中已经出现了珠算加法及归除口诀，乘法以"留头乘"为主，除法以"归除法"为主，为后世长期沿用。

程大位对古代数学的贡献还不止于此，他在《算法统宗》中还记载了大量应用问题的解法。书中首先提出了通过珠算进行开平方、开立方的计算方法，同时，还特别介绍了多种民间广泛应用的算术方法。在书的附录"算学源流"中，程大位详细记载了北宋元丰七年（1084年）之后广为流传的各种数学书

《新编直指算法统宗》

目，包括已经失传的《盘珠集》和《走盘集》，共五十一种。不过可惜的是其中大部分书目已遗失，只有十五本留存至今。

在广泛学习各家算学理论的过程中，程大位也学习到一些错误知识。首篇"揭河图洛书，见数有本原"蕴含着数字神秘主义思想，有些篇幅中引用的部分公式也存在错误。但瑕不掩瑜，《算法统宗》仍然对后世数学的发展起

到了十分积极的促进作用。

程大位对《算法统宗》进行再三修订，不断完善内容，对珠算的注释见解直到现在依旧被广泛运用。《算法统宗》以《九章算术》为脚本，对珠算进行了系统性的总结。书中记录了珠算的便捷使用方式、简洁流利的计算歌诀，为后世珠算的发展进步提供了根本依据。

《算法统宗》开创了珠算计数的新纪元，在中国古代数学的发展过程中，流传极为广泛和长久。明朝末年，日本学者毛利重能将《算法统宗》译成日文，开日本"和算"之先河。清代前期，《算法统宗》又传入朝鲜、东南亚和欧洲，对珠算普及起了很大的作用。李约瑟对程大位有着高度评价，他说："在程大位《新编直指算法统宗》以前，没有任何关于近代珠算算盘的完整叙述。"

七、梅文鼎

清朝初期，西方先进的科学知识逐渐传入中国。这些西方的科学知识影响了许多仁人志士，梅文鼎也是其中之一。

梅文鼎，字定九，号勿庵，清代天文学家、数学家，被誉为清代算学"开山之祖"和"历算第一名家"。他与英国的牛顿、日本的关孝和齐名，三人被称作"三大世界科学巨擘"。

梅文鼎对于中西方天文知识的造诣都很深。在《历学疑问》中，他论述了中西历法的异同，又写了《交食》《七政》《五星管见》等书介绍西方天文知识，并将许多西方天文科学知识融入中国古代天文理论体系中。

中国传统历法由来已久。在明朝之前，元代郭守敬编纂的《授时历》最为准确。明朝时期沿用旧历，并且将其更名为《大统历》。梅文鼎潜心钻研《大统历》，求本溯源的同时大量引入西方历法知识，对中西历法进行了对比，并将其融会贯通。

想要制定历法，数学是其中颇为重要的一环。为了完善历法，梅文鼎深入研究和学习了数学相关知识，并且取得了重大成就。

梅文鼎曾写过一本数学专著《方程论》，书中尽显对中国数学之骄傲，这也让当时清代的数算领域为之一振。对于数学，梅文鼎主张"去中西之见，以平心观理"。他在整理中国古算的同时，还研读了许多西算书籍。

徐光启和利玛窦合作翻译的《几何原本》前六卷一直被人束之高阁，直到梅文鼎根据《几何原本》写了《几何通解》等书，才使《几何原本》中的知识展现在世人面前。

在《几何通解》之后，梅文鼎还写了《平三角举要》《弧三角举要》《环中黍尺》等书介绍西方的三角学。中国古代数学一直有一个弊端，就是缺少"角"的概念，而梅文鼎的《平三角举要》等书籍弥补了这一缺憾，对三角函数、各种公式定理及其应用进行了详尽细致的介绍。

对于中国传统勾股算术，梅文鼎也颇有研究。他的《勾股举隅》一书正是对勾股定理的详细记述。书中以出入相补原理说明勾股定理，还用勾股术分析阐述了《算法统宗》勾股章中"度影量竿""隔水量高"两题的立法理由。

梅文鼎对于《勾股举隅》"弦与勾股和求勾股用量法"一题的解法，表明他已经掌握了正确的尺规作图方法。梅文鼎非常重视传统的勾股术，在测量问题上，他提倡使用出入相补法。与明末从西方引进的测量方法相比，这种方法更类似于杨辉或者刘徽的计算方法。

梅文鼎一生著述众多，绝大部分是天文、历算和数学著作。他将中西方的数学融会贯通，对后世数学的发展起到了重要推动作用。中国近代思想家、政治家、教育家梁启超对梅文鼎给予了极高的评价，认为他是"我国天文算法开山之祖"。

第四章

古代
天文学家

一、落下闳

在渺远的宇宙中，有一颗小行星名为"落下闳星"，这个名字是为了纪念我国西汉著名天文学家落下闳而命名的。由落下闳创制的历法《太初历》是我国第一部有完整文字记载的历法。

落下闳，字长公，巴郡阆中（今四川阆中）人，西汉时期天文学家，浑天说的创始者之一。他精通天文地理，长于历算，无论在天文、数学，还是历法、气象上，都有非常杰出的贡献。

西汉初期仍沿用秦代历法，使用古历《颛顼历》。到了汉武帝时期，由于微小的误差不断积累，旧有历法的准确率不断降低，晦朔等月相的推测数据已经与实际情况相差甚远。汉武帝决定对旧有历法进行改革。落下闳在同乡的推荐下，成为改历工作的重要参与者。

落下闳对众多古代天文学家留下的重要数据进行细致

分析，通过实际测量和计算，改革了旧有历法中不准确的地方，创制了新的历法《太初历》。这一历法采用十九年七闰的置闰法，取 29+43/81 日为一朔望月。由于《太初历》将一日分为八十一分，所以又称"八十一分律历"。

《太初历》的一项重要成就是改变了过去的岁首制度。《太初历》依照春、夏、秋、冬顺序，以孟春正月为岁首，至冬季阴历十二月底为岁终，将四季划分与农业生产生活的实际需要相结合，对农业生产起到了积极作用。

《太初历》第一次将二十四节气纳入历法，将历法与古代的农业生产和日常生活联系到了一起。这对古人的农业生产起到了直接的指导作用，更为春节这一传统节日的形成奠定了基础。可以说，落下闳在《太初历》中对我国古代历法所进行的改革是史无前例的。

落下闳对我国古代天文学的贡献还不止于此，在浑天说的形成过程中，他也发挥了不小的作用。他所改进的可以观察星象的赤道式浑天仪生动地表现了宇宙模型。中国近代著名天文学家朱文鑫就曾说过："自汉落下闳作

浑天仪

浑天仪，始立仪象之权舆。"

落下闳在和天文相关的数学方面也颇有建树，由他发明的"连分数求渐进分数"方法被现代学者称为"落下闳算法"。这是专门用于历法计算的便捷算法，落下闳本人把这个方法称为"通其率"。

后来，数学家们对通其率做了长期的实验和统计，证明了这一方法的简便性和精确度。我国古代历法运算中的强弱术、调日法、求一术等，都源于落下闳算法。从现代数学的角度来看，落下闳算法可以实现用"有理数逼近实数"及"最佳逼近"等目的，是极具价值的数学方法。

作为一位天文学家，落下闳对我国古代天文学的发展作出了不可磨灭的贡献。李约瑟在《中国科学技术史》一书中称他为"中国天文史上最灿烂的星座"。如今落下闳已经逝世两千多年，但在那浩渺的星空之中，仍有一颗名为"落下闳"的小行星，永恒闪耀。

二、张　衡

张衡，东汉时期杰出的天文学家、数学家，浑天说的代表人物之一，著有《灵宪》《浑仪图注》等。

张衡，字平子，南阳郡西鄂县（今河南南阳）人，祖父张堪曾任蜀郡太守。在祖父的影响下，张衡自小刻苦向学，最终成为一位伟大的科学家。他精通天文学、数学、地理学、文学，为中国古代众多科学理论的发展作出了杰出的贡献。

经过多年的潜心钻研，张衡写出了一部天文学著作《灵宪》，全面论述了宇宙的起源、结构、演化及天体运动等诸多理论。张衡在书中提出了许多先进的天文学知识，例如宇宙是无限的、月光是日光的反射等。

在浑天说的基础上，张衡详细阐述了月食发生的原因。通过对无数天体的详细观测及计算，张衡还算出地球绕日一周为三百六十五度又四分度之一，与现代科学测量的数值十分接近。可以说，《灵宪》是张衡在天文学方面的集大成之作，是我国天文学发展史上的里程碑。

张衡还改良了西汉耿寿昌发明的浑天仪。他结合当时相对先进的浑天说，创制了新式"漏水转浑天仪"。这是用一套转动机械把浑象和漏壶结合起来，以流水控制浑象，显示星空运动的仪器。在改进了浑天仪之后，张衡曾写过一篇文章，虽然全文已经遗失，但是梁代刘昭注《后汉书·律历志》时引用了大段文中

漏水转浑天仪

内容，并将之命名为《张衡浑仪》留存了下来。

《后汉书·律历志》记载，张衡在汉安帝延光二年（123 年）曾参加过一次历法大讨论。这次讨论的起因是有人对当时正在使用的四分历提出指责，还有人从汉武帝"攘夷扩境，享国久长"出发，认为应该沿用旧历太初历。张衡对这些人的谬论进行了批驳和诘难，并用自己多年来的天文观测记录，同时对比多种历法的理论推算，最后得出结论，九道法是当时最先进的历法。

　　九道法与当时其他历法最大的区别在于，这一历法考虑到了月亮运行的速度不均匀的实际情况，所以推算出的结果比当时的其他历法更为准确。不过，九道法也有一些显见的问题。比如，若按九道法推算，将有可能出现连着三个月是三十天或者连着两个月是二十九天的现象。这对于当时守旧的人们来说太过超前。这也是九道法作为当时最科学、最准确的历法，却没有被采用的原因。直到之后刘洪的乾象历出现，月行不均匀性才被真正采入历法之中。

　　为了纪念张衡对天文学的突出贡献，国际天文学联合会将月球背面的一个环形山命名为"张衡环形山"，将太阳系中的 1802 号小行星命名为"张衡星"。郭沫若曾为张衡墓题词，称赞张衡："如此全面发展之人物，在世界史中亦所罕见，万祀千龄，令人景仰。"

三、虞 喜

地球绕太阳公转一周的时间就是"一恒星年"。太阳连续两次经过春分点的时间间隔叫作"一回归年"。回归年和恒星年之间的时间差，就叫作"岁差"。在那个人们还信奉"天圆地方"，相信"地心说"的时代，一部分先驱者就已经通过实际观察和计算，发现了岁差的存在。虞喜就是众多先驱者中的一员。

虞喜是东晋著名天文学家，他是我国最早发现岁差，并且算出岁差具体数值的人。在哥白尼之前，人们普遍认为地球是宇宙的中心，所有天体都围绕着地球不断旋转。我国古代一些天文学家也是如此，他们认为太阳绕地球运行一周的时间是永远不变的。

事实上，在天体的引力作用下，地球发生固体潮汐，使得地球差异旋转，从而引起地球在公转轨道上退行，相应的春分点沿黄道以每年50.2角秒西移，差不多71年8个月西移1度，大约25800年退行一周。

《宋史·律历志》记载："虞喜云，尧时冬至日短星昴，今二千七百余年，乃东壁中，则知每岁渐差之所至。""岁差"一词由此得名。虞喜根据《尧典》记载，发现古代冬至点位置与自己所处时代并不相同，并由此发现了恒星年和回归年之间的时间差异。他通过对文献的数据进行分析，得出岁差值"约五十年退一度"的结论。虞喜的发现虽然比古希腊天文学家喜帕恰斯晚一些，但这一重大发现让我国古代历法很早就能区分恒星年与回归年。祖冲之正是参考虞喜的岁差值，制定出了《大明历》。后世天文学家在此基础上对岁差的具体数值不断精确完善，推动着古代天文学的发展。

虞喜对宇宙理论也很有研究。《晋书·天文志》记载："虞喜因宣夜之说作《安天论》。"他对汉代以来的盖天说、浑天说和宣夜说三种不同的宇宙理论体系进行横向对比，认为盖天说太粗疏；浑天说虽比盖天说科学，但仍然不够准确；只有宣夜说既科学又准确。于是，虞喜以宣夜说为基础写了天文著作《安天论》，来批驳浑天说和盖天说。

在《安天论》中，虞喜写道："天高穷于无穷，地深测于不测。天确乎在上，有常安之形；地魄焉在下，有居静之体。当相覆冒，方则俱方，圆则俱圆；无方圆不同之义也。其光耀布列，各自运行，犹江海之有潮汐，万品之有行藏也。"他主张天高无穷，在上常安不动，日月星辰各有其运行规律。

《晋书·虞喜传》记载，虞喜"专心经传，兼览谶（chèn）纬，乃著《安天论》以难浑、盖，又释《毛诗略》，注《孝经》，为《志林》三十篇。凡所注述数十万言，行于世"。这样一位著作众多、专心学术的天文学家，不仅为当时天文学的发展作出了巨大贡献，更为后世留下了宝贵财富。

四、张子信

张子信是一位经历北魏、北齐两个朝代的天文学家。作为一位隐居民间的天文学家，史书中关于张子信的生平记载很少，《隋书·天文志》只记载张子信以"学艺博通，尤精历数"闻名于世。

526 年到 528 年间，华北一带发生了一次声势浩大的农民起义。张子信为了躲避战乱，孤身前往海岛隐居。张子信一人生活在海岛上，潜心研究天文学三十多年。他将古人以往的观测结果与自己的实际观测结果相结合，进行了全面的分析和研究，最终发现了太阳运动的不均匀性、五星运动的不一致性和月球视差对日食的影响现象。张子信还提出了这些天文数据的具体计算方法，在中国天文学史上写下了浓墨重彩的一笔。

《隋书·天文志》记载，张子信最先确立了太阳运动不均匀的概念，并给出了大体正确的描述。如果把地球视为一个陀螺，在陀螺维持一定速度自转的同时，会发现陀螺的对称轴并不是恒定不变的，而是会在一定范围内小幅度左右摆动，这种摆动就叫"章动"。

"章动"的存在会导致地球的自转轴方向发生改变，于是春秋二分点就有了"真位置"和"平位置"。张子信通过浑仪算出在平春分和平秋分时，太阳的去极度都比一个象限要小一度左右。也就是说，太阳从春分到秋分的运动速度小于从秋分到春分的运动速度。此即张子信所说的"日行春分后则迟，秋分后则速"。

张子信

在观测天体运动的过程中，张子信发现，如果只考虑月球不均匀运动的影响，所推算出的天体运行仍然存在误差，为了使预测结果与实际观测结果一致，就必须加入另一个特殊值。经过认真研究分析，他发现这一特殊数值与观测时的具体节气、时间早晚有着某种联系。经过一番探索后，张子信得出了"太阳运动不均匀性"这一新的天文概念。

早在战国时期，我国就已经有了传统的五星位置推算法。张子信通过长期的实际观测发现，五星的位置与经过传统方法预测的位置之间存在偏差。经过缜密分析和研究后，张子信确认，上述偏差的大小、正负与节气有着密切而稳定的关系。五星在各自轨道上速度或快或慢的现象就是五星运动的不均匀性。这一发现为以后历法中五星位置的计算提供了理论基础。

月球处在地球与太阳之间称作"朔"，地球处在太阳与月球之间叫作"望"。当朔（或望）发生在黄白交点附近时就会发生交食现象，这种规律叫作"食限"。东汉末年，刘洪最先提出了食限的概念和数值。张子信长期研究交食现象，发现只有当入食限时月亮位于太阳之北，日食才会发生；如果月亮在太阳南面，日食就不会发生。张子信发现的现象实际上就是月亮视差对日食是否发生所产生的影响。一行在《新唐书·历志三下》中指出："旧历考日食深浅，皆自张子信所传。"可见张子信的这一发现对后世天文学的发展起到了十分重要的作用。

张子信的这三大发现，以及对其进行的具体细致的描述，把中国古代天文学的发展推进到一个新阶段，也让后世一系列历法问题的相关计算有了突破性进展。

五、李淳风

李淳风精通天文、历法、数学，颇有建树。他曾改制浑仪，并著《法象志》（七篇）加以阐述，还曾参与撰写《晋书》《隋书》中的《天文志》和《律历志》，为历代《天文志》增添了许多新的科学内容。

李淳风，唐代天文学家、数学家。他自幼聪慧好学，尤其精通天文、历法、数学等。

唐高祖武德二年（619年）开始使用由傅仁均创制的《戊寅元历》。这一历法中的许多计算方法并不准确，对当时的日月食的预测也不准确。唐高宗麟德二年（665年），李淳风根据自己对天文历法的多年研究和长期观测，编撰了一部更为准确的历法《麟德历》。

自汉朝开始，我国历法都以十九年为一章，以四章为一蔀（bù），二十蔀为一纪，三纪为一元。而《麟德历》

废除了古代一直沿用的这种章蔀纪元法，立"总法"1340作为计算各种周期（如回归年、朔望月等）的奇零部分的公共分母，这一创举让后世历法数字的相关计算变得更加简便。同时，李淳风还删去了历法计算中一些冗杂的古代历制，进一步精简了相关运算。

《麟德历》还改进了推算定朔的方法。李淳风仔细研究了隋朝刘焯的《皇极历》，对刘焯的内插公式（一种用来推算日月运行时间的校正数，通过对日月运行时间进行推算，就能确定定朔时刻的校正数）进行了总结，创造出"进朔迁就"法，通过进朔的方式，有效避免了历法上出现连续四个大月（31天）的现象。

李淳风还曾写过一部星占学著作《乙巳占》。《乙巳占》是一部重要的文化史典籍，书中不仅记载着占星的方法以及结果是如何应验的，还保留了大量的天文学史料。例如，当时的天象记录、天象的具体描述、分至点的具体位置等，这些史料都有重要的历史价值与科学价值。

《乙巳占》还是世界气象史上最早的专著，记载了李淳风对风的观测和研究成果。他根据树木受风影响而带来的变化，创制了八级风力标准，是世界上最早为风定级的人。1805年，英国气象学家蒲福将风力定位为十二个不同的级别，此时距离李淳风为风定级已经过去了一千多年。

蒲福之后的气象学家对风力等级进行了多次修改，逐渐形成了如今较为完善的风力分级制度。

除了这些贡献，李淳风还对浑仪做出了重大改革。李淳风认为在历法计算中，黄道度对于精确推算各项天文数据十分重要。为了精准测算黄道度，李淳风总结前人的经验以及各种实际观测资料，制造了按黄道观测日月五星运行的新式浑仪。

李淳风改革的浑仪对比旧有的浑仪有了很大的进步，除了可测得去极度、入宿度、昏、旦和夜半中星外，还能测得黄经差和月球的经度差等。不过这种新式浑仪测得的黄道度也不准确，并不能精确解决需要按黄道测算的相关天文问题。

在中国历史上，李淳风是第一个把浑仪分为六合仪、三辰仪、四游仪三重的人，对后世产生了相当深远的影响。唐朝开元年间，著名天文学家一行制造的黄道浑仪就沿用了李淳风的三重制。后世的众多天文学家，诸如北宋周琮、苏易简等制作的"皇祐浑仪"，也基本上沿用了李淳风的设计。可以说，李淳风创制的新式浑仪才是后世天文学家所制浑仪的雏形。

除了在天文、历法上的贡献之外，李淳风还对农业、医学等多个行业的诸多著作进行了注释，如贾思勰的《齐民要术》、陶弘景的《本草经集注》等。他还编纂过《文史博要》《典章文物志》，造福后世。

《旧唐书》中记载了一位身披袈裟的科学家，他不仅精通各种佛教典籍，还是世界上科学实测子午线的第一人。除此之外，他还首次提出了月亮比太阳离地球近的科学观点。他就是佛门圣僧一行。

一行是唐代著名天文学家，本名张遂，他的祖父是郯国公张公谨。出生在这样一个显赫的家庭，一行却没有选择做官，而是剃度为僧。出家之后的一行苦心钻研佛教经典，以及天文、数学，在制造天文仪器、观测天象和主持天文大地测量方面都有很大贡献。

开元九年（721 年），李淳风的《麟德历》对日食的预报变得不准确，于是唐玄宗便命令一行主持编撰新的历法。在受诏改历后，一行开始进行大规模的天文大地测量工作。当时的天文学家发现，日食发生的时刻和所见食象会因观测地点不同而发生改变，各节气的日影长度和漏刻昼夜之分也会受到观测地点的影响。在过去的历法中，这种因素并没有被考虑进去。

中国古代有一种传统理论："日影一寸，地差千里。"刘宋时期，天算家何承天根据当时在交州的实际测量数据，对这一传统理论提出了怀疑。但他的怀疑受各种现实因素的影响，一直未能证实。

到了隋朝，天算家刘焯也认为这是一条错误理论。《隋书》记载，刘焯曾提出："交爱之州，表北无影，计无万里，南过戴日，是千里一寸，非其实差。"为了验证交、爱等州与地中相去绝没有一万里，千里差一寸，并非实测数据的观点，刘焯提出了一个切实可行的具体计划："请一水工，并解算术士，取河南北平地之所，可量数百里，南北使正。审时以漏，平地以绳，随气至分，同日度影。得其差率，里即可知。则天地无所匿其形，辰象无所逃其数，超前显圣，效象除疑。"也就是请一个水工和懂算术的人，在河的南、北各找一块相距数百里且在同一经线上的平地，在节气分至同时测日影。测得了影差就知道影差一寸地隔多少里了。可惜的是，刘焯当时提出的建议最终没有成功实行。

一行的测量正是根据刘焯提出的这一计划而进行的。通过这次测量，一行计算出了相当精确的地球子午线一度弧的长度，从而彻底推翻了"日影一寸，地差千里"的错误理论。

在这次测量过程中，一行吩咐太史监南宫说等人分赴各地，"测候日影，回日奏闻"。而一行"则以南北日影较量，用勾股法算之"，对南宫说等人提供的测量数据进行计算分析。

一行主张在实测的基础上编订历法，为了得到天体运行的实测数据，就需要能够测量天体位置的仪器。在一行与天文仪器制造家梁令瓒的合力研究之下，最终制成了一种名为"黄道游仪"的仪器。这个仪器的黄道不是固定的，可以在赤道上移位，以符合岁差现象。一行通过黄道游仪观测日月五星的运动，得出了许多新的天文观测数据。他对大量观测数据进行统一归算，最终发现了恒星位置移动的现象，创制出了《大衍历》。

自东汉时期使用的四分历开始，中国古代历法就对各节气初日晷影长度和太阳去极度进行了记载。不过，这些数值大多数是在一地观测的数据。一行通过全国各地进行的大规模观测发现，影长会受观测的具体地点的影响，同时影长与太阳的天顶距有固定的对应关系。一行将这一发现记载在《大衍历》中，并发明了地方每日影长和去极度的具体计算方法，即"九服晷影"算法。

创制《大衍历》是一行一生中最重大的成就。《大衍历》系统周密，比较准确地反映出太阳运行的规律。一行不仅为大唐带来了新的历法，也在中国科学史上留下了浓墨重彩的一笔。

七、苏　颂

提起苏颂这个名字，可能大多数人会觉得陌生。然而若是提到同一时期的苏轼，则是无人不知。苏颂与苏轼是至交，比起从政经历，苏颂在科学上的贡献更加为人称道。苏颂在天文、医学、机械制造等方面都有着卓越的成就，是一位当之无愧的科学巨匠。

苏颂，字子容，北宋杰出的天文学家、天文机械制造家、药物学家，被称为"中国古代和中世纪最伟大的博物学家和科学家之一"。他博学多才，经史、九流、百家之说，图纬、律吕、星官、算法、山经、本草，无所不通。他领导制造的"水运仪象台"是世界上最古老的天文钟。李约瑟在《中国科学技术史》中说："我们借此机会声明，我们以前关于'钟表装置……完全是14世纪早期欧洲的发明'的说法是错误的。使用轴叶擒纵器重力传动机械时钟是 14 世纪在欧洲发明的。可是，在中国许多世纪之前，就已有了装有另一种擒纵器的水力传动机械时钟。"

元祐元年（1086 年），苏颂奉命检验当时太史局所使用的各架浑仪。元祐二年（1087 年）八月，在苏颂的提议下，"详定制造水运浑仪所"正式组建。苏颂通过寻访调查和亲自考核，最终确定了这个机构的组成人员。吏部令史韩公廉精通《九章算术》，且通晓天文、历法，于是苏颂立即奏请调他来从事水运仪象台的研制工作。

《宋会要辑稿》记载，苏颂经常与韩公廉讨论天文、历法和仪器制造之事。他问韩公廉："可以寻究依仿制造否？"韩公廉回答："若据算术，案器象，亦可成就。"于是，苏颂命韩公廉研制模型。对韩公廉制作的模型，苏颂进行了严格检验，认为其"激水运轮，亦有巧思，若令造作，必有可取"。

苏颂对浑仪的研制工作慎之又慎，他认为必须"差官实验，如候天有准"，才能确保浑仪的准确性。经过多次实验，苏颂最终证明了韩公廉的设计"候天有准"。翰林学士许将等也对浑仪进行了细致的试验和鉴定，最终认为浑仪"与天道已参合不差"。在此基础上，苏颂才开始正式制造水运仪象台。

苏颂所研制的水运仪象台高12米，宽7米，是用来观测天体运行、演示天象变化，以及随天象推移准确报时的巨型天文仪器。水运仪象台与现代天文台转仪钟控制天体望远镜随天体运动的原理相似，"天运单环"将水运仪象台上层观测用的浑仪与原动轮"枢轮"相连，使浑仪能随枢轮运转。李约瑟曾对这一结构给予高度评价："苏颂把时钟机械和观察用浑仪结合起来，在原理上已经完全成功。因此可以说他比罗伯特·胡克先行了六个世纪，比方和斐先行了七个半世纪。"

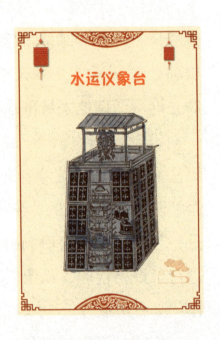

苏颂主持创制的水运仪象台是世界上最古老的天文钟，直到600年后意大利天文学家卡西尼才利用时钟机械推动望远镜随天体旋转。

水运仪象台完成后，苏颂在《新仪象法要》一书中对水运仪象台的结构和零件进行了详细的图文记载。得益于这些图纸，现代科技史家王振铎、李约瑟等人可以较精确地复原出水运仪象台。《新仪象法要》是我国现存最早的水力运转天文仪器专著，书中记录的机械图样不仅是了解苏颂天文理论及成果的重要内容，也是释读张衡、一行、张思训等天文学家理论及成果的基石。

苏颂在《新仪象法要》中还绘有十四幅星图，这十四幅星图比唐代敦煌星图更细致，也更准确。西方的科技史家蒂勒、布朗和萨顿等都对这十四幅星图做出高度评价。他们认为从中世纪直到 14 世纪末，除中国的星图以外，再也举不出别的星图了。

八、郭守敬

　　七百多年前，一位智者计算出每年有 365.2425
天，和近代测量结果只差 25.92 秒。他对隋唐大运
河截弯取直的规划设计，初步奠定了元代迄今京杭
大运河的走向和格局。他就是郭守敬，元代的科技
全才。

　　郭守敬是元代著名的天文学家、数学家、水利工
程专家，在天文、历法、水利和数学等方面都
有卓越的成就。至元十三年（1276 年）起，郭守敬与许
衡、王恂等奉命修订新历法，最终制定出当时世界上最先
进的《授时历》。

　　《元史·郭守敬传》记载，至元十六年（1279 年），
郭守敬向元世祖忽必烈提出在全国范围进行大规模天文测
量的建议。他指出："唐一行开元间，令南宫说天下测景，
书中见者凡十三处。今疆宇比唐尤大，若不远方测验，日

月交食分数时刻不同，昼夜长短不同，日月星辰去天高下不同，即目测验人少，可先南北立表，取直测景。"忽必烈接受了郭守敬的建议，"遂设监候官一十四员，分道而出，东至高丽，西极滇池，南逾朱崖，北尽铁勒，四海测验，凡二十七所"。这就是闻名后世的"四海测验"。

郭守敬亲自参加了这一路的测验，从上都、大都开始，途经河南，之后辗转抵达南海，其间跋涉数千里。"四海测验"得出了许多十分准确的科学观测结果。这些观测结果，为后来郭守敬编制新的历法提供了科学数据。比如，通过"四海测验"测得的回归年长度为 365.2425 日，即 365 天 5 小时 49 分 12 秒，和

如今世界上通用的格里高利历的周期一样，但比格里高利历早了三百多年。这一数据被记载在郭守敬编纂的《授时历》之中，并且直至今日仍在沿用。

为了修订历法，给《授时历》的编制工作奠定科学合理的研究基石，郭守敬还研发了许多新式天象仪表。郭守敬运用这些精良的天象仪表进行了大量精密准确的天象观

测，从而使《授时历》中绝大部分数据结果成为我国古代
历法史上最精准或近于最好的。

简仪就是由郭守敬改制的一种测量天体位置的新式天
文仪器。它的作用与浑仪十分相似，但是使用更为简单，
结构也相对精简。用简仪可以轻松观测除北极星附近以外
的整个天空。1598 年，丹麦天文学家第谷发明了一种赤道
装置。这种装置与郭守敬在简仪上所使用的赤道经纬仪相
似，不过简仪比其早数百年。简仪使用的滚柱轴承，也比
西方早了二百多年。

《元史·郭守敬传》记载，郭守敬编撰的天文历法著
作众多，包括《推步》《立成》等十几种。这些天文历法
相关书籍为后世天文学研究留下了宝贵财富。

第五章

其他古代科学家

一、鲁 班

　　鲁班，春秋战国时期著名发明家，也是传说中木匠的祖师爷。《墨子》《礼记·檀弓》《述异记》《水经注》《风俗通义》等典籍中都记录了他的事迹。时至今日，鲁班的名字已经成为劳动人民聪明才智的象征。

　　鲁班，姬姓，公输氏，名般（一作盘），鲁国人。因"般"和"班"在古代常常通用，后来就多写成"鲁班"。鲁班活动于春秋末期至战国初期，作为一位伟大的发明家而闻名当世。据《事物绀珠》《物原》《古史考》等古代典籍介绍，木匠在生活作业中所采用的许多传统手工用具，如钻头、刨子、铲刀、曲尺，以及画线用的墨斗，都是由鲁班发明的。这些木匠工具的出现提高了工匠们的劳动效率，促进了土木技术的迅速发展。

　　曲尺又叫"矩"。《续文献通考·乐考·度量衡》记载："鲁班尺即今木匠所用曲尺，盖自鲁班传至于唐，由唐至今用之。"故人们又将曲尺称为"鲁班尺"。它由相互垂直成直角的两部分组成，用来度量直角、平面和平行线等，是木匠必不可少的工具。

《世本》记载，鲁班发明了石磨。鲁班把两块圆石上下嵌合后，用力使其转动，就可以将米、麦等磨成粉。石磨的出现，是中国古代粮食加工工具的重要进步。时至今日，农村的不少地方还能看到这种古老的石制工具。

除了木工工具和农具，鲁班还发明了许多古代兵器。《墨子·公输》记述："公输般为楚造云梯之械，成，将以攻宋。"云梯这种古代常用的攻城机械就是由鲁班所造。《战国策·宋卫·公输般为楚设机》中也记录了墨子见鲁班时说过："闻公为云梯。"

除此之外，《墨子·鲁问》中还记载鲁班制作了一种能乘风力飞上高空，三天不降落的木鸟的事情，"公输子削竹木以为韵，成而飞之，三日不下"。

鲁班虽然没有给后人留下多少鸿篇巨制，但为劳动人民的生产和生活发明了许多便利的工具。他也因此被后世称为"百工之祖"。1987 年，我国设立了中国建筑行业工程质量最高荣誉奖——中国建筑工程鲁班奖（现更名为中国建设工程鲁班奖），来纪念这位技艺高超的木匠祖师，弘扬他的工匠精神。

二、马　钧

> 马钧，三国时期曹魏发明家，中国古代的机械大师。他对中国古代生产工具的改革作出了重要贡献。

马钧，字德衡，扶风（今陕西兴平）人，是中国古代科技史上最负盛名的机器发明创造者之一。他的发明创造众多，极大地推动了当时社会生产力的发展，被当时的人们称为"天下之名巧"。

丝绸作为古代重要的贸易商品，在我国有着非常久远的发展历史。劳动人民为了提高生产效率，发明了织绫机。这种旧式织绫机有一百二十个蹑（踏板），人们用脚踏踏板的方式操作织绫机，完整织出一匹花绫大约需要两个月的时间。

到三国时期，马钧看到操作复杂、生产效率仍然不高的旧式织绫机，决定对其进行改造。于是他认真研究相关知识，制造出生产效率大幅提高的新式织绫机。

马钧的新式织绫机比起旧式织绫机，在踏具上进行了大幅度的简化，将原来的一百二十蹑改成十二蹑。经过改进之后的新式织绫机不仅操作更加简便，生产效率也有了很大提高，受到了广大劳动者的喜爱。可以说，马钧改良的织绫机推动了中国古代丝织工业的高速发展。

织绫机

马钧的另一项重要创造是指南车。指南车是一种辨别方向的工具。据传，指南车最初是黄帝为了打败蚩尤而制作的。虽然是传说，但是也能证明当时的人们对于指南车已经有所了解。东汉时期，张衡就曾仿造出一台指南车，不过制作技术没有传至后世。到了三国时期，人们依然只能从传说中了解指南车。于是马钧决心复制传说中的指南车。在研制指南车的过程中，马钧遭遇了重重困难。但是经过不断钻研，他最终运用差动齿轮的结构原理，成功研制出了指南车。

东汉时期，中国就出现了一种排灌水车，其名为"翻车"。最初的翻车形制简单，效率低下，因此应用并不广泛。直到三国时，马钧在旧有翻车的基础上进行改良，创造了一种新式翻车，才使得翻车能够不断推广开来。

西晋史学家陈寿所著的《三国志》中就曾提到，马钧所制的新式翻车，比当时其他提水工具强百倍。马钧所制的新式翻车是古代提水工具的巅峰，在电动机械提水工具出现以前，翻车在中国乡村地区一直被广泛使用。

马钧对于兵器的研发也颇有造诣。他对老式发石车加以改进，创制出了一种新型攻城工具——轮转式发石车。这种轮转式发石车能一次悬挂十几发巨石，通过转轮带动轮子转动，就可以把大石头接连不断地发射出去，在威力和便利性上都有极大提升。

马钧是三国时期不可多得的机械制造奇才，他的发明与创造涉及领域甚广，包括手工业、农业、军事等多个方面。作为一位发明家，他的发明创造为劳动人民节省了不少劳动力，让当时的生产力得到了极大提高，这些功绩都被记载在史书上，为后人所称颂。

三、裴 秀

在魏晋时期，有一位知名地图学者，李约瑟曾称他为"中国科学制图学之父"；他和希腊伟大的地图学者托勒密齐名，他们是全球古代地图学史上东西相互辉映的两颗璀璨明星。他就是《禹贡地域图》的创制者裴秀。

裴秀出身于当时的名门望族河东裴氏，他的地图学专著《禹贡地域图》，为我国古代版图测绘学研究打下了基石。为纪念这位中国地图科学创始人，中国地图学界用他的名字为最高奖项命名；为了纪念他的突出贡献，国际天文学联合会将月球正面的一个环形山命名为"裴秀环形山"。

裴秀创立了我国古代地图的美术基础理论"制图六体"。所谓"制图六体"，是指绘制地图时应该坚持的六条基本准则，它们是分率、准望、道里、高下、方邪、迂直。分率是指百分比尺，准望是指方向，道里是指道路长度，这三项准则是绘制地图时最重要的基础；高下、方邪、迂直三条，说的是地形起伏、倾斜角度以及河川、街道的曲直方向，都是由于地势不同而产生的问题。

这六条理论，基本上涵盖了制图学上必须研究的具体问题。裴秀的"制图六体"不仅让他的制图工作更为细致准确，也对后世制图工作有着十分深远的影响。这些理论在后世沿用了数百年之久。

裴秀认为《禹贡》中用到的各种地名过于古老，当时已经发生了许多改变，而且其中一些名称的解释也模糊不清，于是他准备自己绘制一部地图集。为确保地图的准确性，裴秀对所有资料仔细研究，有分辨地进行了采集，同时对各种地名以及已经不再使用的古代旧称也进行了详尽注释，最后制成《禹贡地域图》十八册。《禹贡地域图》内容描述细致，文字考究，堪称当时最科学的图集。

《禹贡地域图》的绘制方法体现了裴秀在制图理论上

的卓越见解，无论是科学价值还是文学价值都十分出色。可惜的是《禹贡地域图》的流传时间不长，在隋朝时期就只有少量篇章留存下来。《隋书·经籍志》中对《禹贡地域图》毫无记载，今人关于《禹贡地域图》的研究，仍有一些分歧。

一些专家认为，《禹贡地域图》是由历代地域沿革图组成的中国历史地图集，共有十八张地图；另一些专家则认为《禹贡地域图》仅为西晋当时的地图集，十八张图是西晋初期全国十六个州的行政区地图，连同东吴、蜀汉版图各一张。

据史料记载，除了《禹贡地域图》，裴秀还曾绘制过一幅《地形方丈图》。前人曾用"缣（细绢）八十匹"绘成一幅《天下大图》，规模十分庞大。但因其篇幅过大，使用和阅览的时候都十分麻烦，于是裴秀利用"制图六体"的方法，"以一分为十里，一寸为百里"的比例重新绘制《天下大图》，于是就有了《地形方丈图》。《地形方丈图》上清楚详细地说明了各项地势因素，也是当时十分先进的一幅地图。

魏晋时期距今已有一千七百多年，在那个古老的年代裴秀就已经认识到影响地图绘制的众多因素。他潜心钻研的地图绘制方法，推动了地图绘制技术的高速发展。他的"制图六体"为后世地图学家提供了系统完善的制图方法，在地图学上具有划时代意义。

四、郦道元

　　北魏时期有一位知名地理学家郦道元，其所作长篇地理学巨著《水经注》开创了古代写实地理学的历史。《水经注》原本是为《水经》作注，没想到名声和成就都远远超过了《水经》。作为6世纪前中国第一部全面、系统的综合性地理著述，《水经注》上面记载的众多地理内容翔实全面，对于中国古代水文地理研究具有重要的参考价值。

　　郦道元生于北魏时期，家境优渥，父亲是四朝元老，祖父是天水太守。拥有如此显赫的家世，郦道元本应该在仕途上一帆风顺，然而他的仕途却十分坎坷。

　　《北史·郦道元传》记载："景明中，为冀州镇东府长史……行事三年，为政严酷。吏人畏之，奸盗逃于他境……道元在郡，山蛮伏其威名，不敢为寇。"郦道元并不是一个没有能力的人，只不过因为性格刚正、执法严厉，而遭到当地乡绅、贵族的构陷，被免去官职赋闲在家整整十年。就是在这十年间，郦道元写出了中国地理学巨著《水经注》。

《水经注》被后世称为我国游记文化的开拓之作，影响了后来游记散文的形成与发展。除了《水经注》，郦道元还著有《本志》十三篇及《七聘》等文，不过这些著作如今都已失传。

《水经注》开启了中国古代"写实地质学"的先河，在世界地理学发展史上有着重要的地位。郦道元在《水经注》的序言中对前人的地理著作进行了点评，他认为前人的地理著作中普遍存在虚构问题，如《山海经》《穆天子传》《禹贡》等，均存在神话传说等未经考证的内容。郦道元非常重视现场观察与实地调查。为了保证书中各种地理信息的真实性，他进行了大量实地考察，足迹踏遍中原大地，为《水经注》内容的翔实可信打下了坚实基础。

《水经注》涉及的地理内容十分详尽，对每条河流的水文情况都有详细记载。它以河流为纲，对河流流域内的地质、地貌、人文历史等因素做了全面描述。当然，当时的科技水平仍然十分落后，因此《水经注》中也免不了存在错漏之处。唐代杜佑在《通典》中就指出《水经注》对于黄河河源的记载并不准确。另外，由于古代交通水平十分落后，许多偏远的地方郦道元无法进行实地调查，因此书中对于南方以及偏远地区的水系记述也多有错误。但瑕不掩瑜，《水经注》仍然为我国古代地理学的发展作出了十分重要的贡献。

郦道元的《水经注》不仅存在极高的历史学和地理学意义，而且书中所记录的大量石刻墨迹，以及渔歌等民间乐曲，也都具有很重要的文化意义。《水经注》引用了大量历史文献和资料，不仅有前人的著作，还有不少汉、魏时期的碑刻材料。郦道元引用的这些碑刻，是了解中国文明发展历史的重要参考资料。

古今中外研究郦道元《水经注》的人有很多，如今已经形成了一门世界性的学问"郦学"。现代著名思想家、文学家胡适就是一位"郦学"研究者。他晚年为考证《水经注》，收集了几十种《水经注》的版本，还为此写有二百余万字的手稿。可见《水经注》的魅力之大、影响之深。

五、沈 括

沈括潜心钻研自然科学，对很多自然科学领域都有很深的造诣，被誉为"中国整部科学史中最卓越的人物"。其代表作《梦溪笔谈》中的科学知识非常丰富，具有极高的科学价值，堪称"中国科学史上的里程碑"。

沈括，北宋著名科学家，出身仕宦之家。《宋史》记载，沈括学识渊博，善文，于天文、方志、律历、乐器、医学、卜算等无所不通，且均有重要论著。他的《梦溪笔谈》是一部综合性笔记体著作。书中不仅描述了许多自然科学问题，对工艺技术和社会文化等现象也有详细描述。

在数学上，沈括的隙积术与会圆术对后世数学家产生了深远影响。隙积术是计算垛积的方法。沈括对隙积术的深入研究促进了等差级数求和课题的进展，并把等差级数求和课题推到了高阶等差级数求和的新时期，开创了中国垛积术科学研究的新纪元。会圆术则是由弦求弧的具体计算方法。会圆术的诞生推动了中国平面几何的蓬勃发展，而且对天文计量领域也有很大影响，为中国球面三角学的蓬勃发展作出了很大贡献。

在物理学上，沈括首先掌握和记录了人工磁化的方式，并对指南针进行了研究。他是世界上第一个利用实验证明地磁的南北极和地理上的南北极存在磁偏角的人。他在《梦溪笔谈》中记载磁针"能指南，然常微偏东"，就是对这一观点的印证。沈括的发现比哥伦布早了四百余年。

沈括对化学也有深入研究。《梦溪笔谈》载："信州铅山县有苦泉，流以为涧。挹（yì）其水熬之，则成胆矾。烹胆矾则成铜，熬胆矾铁釜，久之亦化为铜。"这段内容所记载的，便是古代的湿法炼铜。这种方法直到现在仍在使用。

沈括对天文学的贡献也非常突出，有许多让人耳熟能详的成就。作为测定天体位置的工具，古老的浑仪构造十分

复杂，难以使用。沈括对先前浑仪的基本结构做了重大改良，既便于应用，又大大提高了准确度。后来由郭守敬创制的简仪，正是在沈括改良的浑仪的结构基础上创制而成的。

在历法方面，沈括也取得了不小成绩。现行的历法主要分为两类：一类叫作"阳历"，一类叫作"阴历"。阳历又称"太阳历"，是以地球围绕太阳公转的运行时间为基准所建立的历法。阴历又名"太阴历"，主要按照月亮环绕地球运转的规律编制。按我国古代历法，阴历与阳历之间一年差了十一天多，为了修正这一误差，古人采用置闰的办法来进行调整。不过即便如此，旧制历法仍然难以符合现实情况。

沈括大胆创新，创造了一种新的历法《十二气历》，以代替阴阳合历。《十二气历》将年分成四季，每个季度划分孟、仲、季三月，以立春当天为孟春之月的首日，再以此类推，不以月亮的朔望定月，而用节气确定每月。这一历法的特点在于，既适应了天文运动的实际状况，也非常利于农事安排，是我国古代历法中的杰出代表。九百年后，英格兰气象局用来计算农业气候的《萧伯纳历》，其基本原理与《十二气历》相差无几。

杭州钱塘沈氏有收藏药方的习惯，受家学熏陶，沈括在中医方面也小有成就。他广泛收集中国医方，并汇编出了《良方》和《灵苑方》两部中医药学书籍。在他的作品《梦溪笔谈》中，也对莽草、天竹黄等矿石的药用价值作了记载。他的《梦溪忘怀录》中有关"药石井"的描述，也被认为是中国最早的磁化、矿化水的制作方法。

　　沈括的作品相当丰富，据《宋史·艺文志》记载，共有二十二种一百五十五卷，涵盖了当时各行各业的诸多专业知识，对中国古代科学发展起到了极大的推动作用。

六、徐霞客

　　每年的五月十九日，又被称作"中国旅行纪念日"，这一日也是《徐霞客游记》的开篇之日。《徐霞客游记》是明代著名地理学家、旅行家和文学家徐霞客所作的游历日记。在封建时代，徐霞客不慕功名而纵情山水，堪称奇人。直至今日，他的浪漫情怀仍然为许多人所憧憬。

　　徐霞客，名弘祖，字振之，号霞客，南直隶江阴（今江苏江阴）人。他自幼好学，博览图经地志，一心想要亲身探索大好山河。他致力于"达人所之未达，探人所之未知"，走遍了中国许多地方，被后世誉为"千古奇人"。

　　徐霞客的游历，不只为了寻访风景。对他来说，探求自然的奥妙是更为关键的大事。在游览的过程中，他不断探索自然景观的变化规律，在山地、河流、地质和地貌等方面的调查和研究都取得了超出前人的成果。在三十多年的旅途中，徐霞客以日记的形式记录了他的众多见闻。在他病逝以后，他写下的六十多万字游记，被人整理成《徐霞客游记》。这部《徐霞客游记》被誉为"明末社会的百科全书"，是徐霞客为后人留下的极为宝贵的文化财富。

在游历过程中，徐霞客对许多河流的源头进行了探索。长江的源头一直是困惑中国古代专家们的难题。战国时期的《禹贡》一书中记录了"岷山导江"的传说，后世的众多地理书籍也都沿用了《禹贡》中的内容。徐霞客为探索这一问题，"北历三秦，南极五岭，西出石门、金沙"，最终发现金沙江发源于昆仑山南麓，比岷江还长了一千多里，并据此认定金沙江才是长江源头。虽然他的研究结果并不算准确，但他的求真精神依然值得称颂。

徐霞客是我国对石灰岩地貌进行科学考察的开拓者。在湖南等地旅行时，徐霞客对各种不同的石灰岩地貌进行了详尽探索、勘察和记录。在此期间，因缺乏专业的测量仪器，徐霞客只能依靠目测和步量的方式进行实地考察。就是使用这种传统方法，徐霞客调查了一百多处石灰岩洞，留下了有关石灰岩地貌的珍贵资料。要知道，直至徐霞客死后一百年，欧洲才开始研究石灰岩地貌。

　　徐霞客在地理科学上的贡献远不止于此。他对火山、温泉等地热现象进行过研究，对气象变化规律、植被因山势高度不同而改变等天然现象也有所考察。在《徐霞客游记》中，他还对各地的农耕、手工业、交通运输、名胜古迹和少数民族的习俗，进行了详细记载。

　　《徐霞客游记》中地理考察范围之广、论述内容之丰富详尽、记录的地表岩溶地貌类型和数量之多，即使在今天也是难能可贵的。他对热带、亚热带的岩溶现象做了比较系统的观察与描述，并对岩溶现象的形成过程与地理分布提出了若干科学的看法。他在岩溶学方面的成就，直到 19 世纪 50 年代，才被克维治克所超越。

　　除了在上述领域有所建树，徐霞客在文学领域中也有很深的造诣。《徐霞客游记》开创了地理学上系统认识大自然、描写自然界的崭新方式，被学术界列为中国最有影响力的二十部著作之一。毛主席也曾评论他的游记"不仅是科学作品，也是文学作品"。这本奇书既是全面系统考察祖国地质、地貌的地理著作，又是全面展示华夏自然风光的旅游名篇，更是文笔精美的历史文化佳作，具有极高的科学及文学价值。

七、宋应星

2021 年 5 月，国际天文学联合会批准了中国在 "嫦娥五号" 降落地点附近月球地貌的命名申请，宋应星便是八个月球地貌地名之一。宋应星是我国明代著名科学家，他的学术范围包括多种不同领域。他的重要创作《天工开物》是对其毕生研究成果的重要总结，堪称 "中国 17 世纪的工艺百科全书"。

宋应星，字长庚，江西奉新（今江西宜春）人，自幼聪明强记，对天文学、农学及工艺制造学有很大兴趣。宋应星在分宜县任县学教谕期间，对中国农业和手工业生产科学进行了系统研究和总结，著成了《天工开物》一书。

宋应星所著《天工开物》收录了农业、手工业的各项生产技术，并对生产过程做了详尽描述。在《机械》篇中，宋应星详细记述了多种农业机械工具，为后世了解当时的农业生产作出了极大贡献，具有极高的科学价值。《天工开物》中，也记载了中国古代农业栽培新品种水稻、大麦的情况。宋应星在《天工开物》中写道："凡稻旬日失水，则死期至，幻出早稻一种，粳而不粘者，即高山可插，又一异也。"这表示宋应星已经开始认识到土质、天气、种植方式等会对农作物品质变异造成影响，提出了"土脉历时代而异，种性随水土而分"的农业科学观点。

在记述蚕的培育时，宋应星认为："若将白雄配黄雌，则其嗣变成褐茧。"他还认为这些种类中有的由于生长环境不同而引起变种，有的则由于不同种类的杂交而引起变种。这一研究提高了我们古代技术人员对自然环境变化规律的认识，为人工培植新品种作物提供了科学理论根据。英国生物学家达尔文也把《天工开物》中的有关描述作为动物演化论的重要例证。

《天工开物》

宋应星在《天工开物》中还写道："以炉甘石或倭铅参和，转色为黄铜。"这表明，当时他已经掌握了用金属锌代替锌化合物熔炼黄铜的方法。这是人类历史上关于黄铜是通过直接熔炼铜和锌获得的最早记录。作为世界上首个用科学方法阐述锌与铜锌合金关系的中国科学家，宋应星明确指出了锌是一个完整的金属单质，并第一次对锌的冶炼方式进行了说明。这一发现是我国古代金属冶炼史上的重大功绩之一，也使我国成为当时全球唯一一个可以常年大量出产锌的国家。

在化学领域，宋应星还研究了金、银、铜、锡、铅和锌等不同金属的化学性质，对它们的活跃水平进行对比，并提供了一个可以通过它们的活泼变化来区分或检测相应金属性质的途径。例如，他在论及分离金银的方法时提出："凡足色金参和伪售者，唯银可入，余物无望焉。欲去银存金，则将其金打成薄片剪碎，每块以土泥裹涂，入坩锅中，硼砂熔化，其银即吸入土内，让金流出，以成足色。然后入铅少许，另入坩锅内，勾出土内银，亦毫厘具在也。"在谈到用水银和硫黄提炼朱砂时他提出："每升水银一斤，得朱十四两，次朱三两五钱。"从这些文字可以看出他已经认识到不同化合物成分相互作用的关系，已经开始产生了"质量守恒"的理论萌芽。

中国科学源远流长，并非一人之力可以成就。宋应星的科学启蒙基于沈括的《梦溪笔谈》，物理方面的科学理论则继承和发展自宋代张载和明代王廷相。一本《天工开物》并非宋应星的个人智慧，前代的学者们对此都有着巨大的贡献。

八、郑复光

清朝统治者为维持封建统治，长期闭关锁国，使得西方科学技术的传入受到阻碍，我国的科学技术发展失去了国际上的领先地位。鸦片战争的失败迫使少数统治阶级的上层官吏和一些知识分子思考失败的原因，产生了向西方学习的想法。郑复光就是其中之一。

郑复光是清代著名科学家，他精通数学、物理和机械制造技术，常同当时的数理名人李锐、汪莱、张敦仁等人探讨天算问题。郑复光擅长用科学原理去阐释当时让人们"惊骇以为灾祥奇怪"的自然现象，并将这些内容编纂进《费隐与知录》一书中。

在《费隐与知录》中，郑复光提出了"罗针偏东由于地脉"的地脉说，用以说明地磁现象与地磁偏角现象。在地脉说中，郑复光指出"针为地脉牵掣"，他相信地脉能够给磁针施以外力；他把地脉抽象成无数个曲线组成的曲线族，这些曲线能够跨越地球出现在地球周围的空气中。郑复光的地脉思想和法拉第的磁力线思想极为接近，揭示了相同的物理内涵。在那个自然科学不受重视甚至备受打压的时代，郑复光能有如此超前的理解实属不易。

1846 年，郑复光编成《镜镜詅（líng）痴》一书，集当时光学知识之大成。这部几何光学论著共五卷，书中扼要地介绍了各类反光镜和折射镜的材质与造型，并系统地阐述了光透过各类镜之后的成像原理。郑复光在书中总结了一套独特的几何光学思想，还创造了一些光学概念和名词来解释光学仪器的制造原理

和使用方法。这是一本很重要的光学论著，代表了清朝中期以来我国光学研究的发展水平。在《镜镜詅痴》的基础上，他又制造了中国最早的测天望远镜。

《镜镜詅痴》中引用了大量其他书籍的内容，并且都注明出处，其中不乏一些明末清初传入的西方书籍，如《远镜说》《测量全义》等。《镜镜詅痴》的逻辑结构十分

严谨，对光学的各种问题讨论得非常全面，《中国光学史》作者认为该书是中国古代物理学史上第一部科学专著。

不过，由于时代的局限性，《镜镜詅痴》仍有许多不足之处。书中运用了许多中国传统的科学理论来说明光学现象。例如，关于小孔倒像以及凸镜、凹镜成像方法，郑复光根据传统观点将它们概括为同一种。从现代光学研究来看，这些解释并不正确，但是在当时来说，郑复光提出的光学理论体系，还是具有一定的进步性的。

虽然以现在的科学眼光来看，《镜镜詅痴》有着这样或那样的不足，但郑复光能够对光学有如此深入、细致、科学而又准确的了解，已经非常难得。如果没有郑复光，我们对光学的了解可能还要落后西方许多年。正因如此，梁启超对郑复光及其著作《镜镜詅痴》给予了非常高的评价。

九、邹伯奇

中国历史上曾有这样一个奇才，学贯中西却不屑参加科举，发明了我国第一部照相机却又一生清贫。《南海县志》说他"能荟萃中西之说而贯通之，为吾粤向来名儒所未有"。他就是邹伯奇，清代物理学家，中国近代科学先驱。他认真钻研科学，为后世留下了许多杰出的科研成果。

作为一位学识丰富、能够自制照相机的能人志士，倘若邹伯奇潜心考取功名，说不定能成为一位达官显贵。不过，邹伯奇志不在此，正是这样淡泊名利的心性，让他一直安心科研，从而有所建树。

邹伯奇对于光学有着非常深入的研究。1844年，邹伯奇发明、制作了我国首部照相机，因此被称为"中国照相机之父"。1839年，世界上第一架银版照相机由法国人达盖尔制作，邹伯奇的相机发明与达盖尔相去不远。

邹伯奇一生"好覃思（深思）而懒著述"，其研究成果很
多，但留下来的著作却很少。他去世以后，著名学者陈
澧（lǐ）曾把他的部分遗稿以《邹征君存稿》为名，与
《邹征君遗书》一并刊出，流传于世。

邹伯奇曾在一篇文章中述及
摄影机的湿版照相法和湿版照相
的操作过程，并以自制的照相机
和感光化合物拍了许多照片。现
代科学史教授戴念祖曾这样评价
邹伯奇："在鸦片战争前后，中
国人尚能做出居世界前列的科技
成就是难能可贵的……邹伯奇的
学术研究，完全凭借自己的实
践，比如说当时世界上普遍使用
的四种望远镜，他没有见过实物，自己揣摩、研究，自己
制作出来了。"

邹伯奇

"地圆说"到了15世纪末已获得西方人的普遍接受，
两百多年之后这一理论才传入我国。在当时，许多人仍反
对"地圆说"，但邹伯奇却欣然接受了这种学说，并立即
展开科学研究。他把自己此前的研究成果运用在地图绘画
上，并利用照相技术来绘制地图。他的摄影绘图技术为

古代的实地实测、勘察地表地质，开辟出了一条崭新的道路。

作为中国现代地图绘画的科技先导，邹伯奇首先研制出用曲线来表现经纬线的绘图方法。他指出："用半度切线法，内密外疏，与实数不符。"他用自己独到的绘制方式，改进了中国当时最具权威性的地图《皇舆全图》，并将经过北京的一条经线定为本初子午线。之后邹伯奇还率领弟子绘制了众多家乡地图，如《广东省地图》《南海县地图》《浔冈州地图》等。

邹伯奇还写过《磬求重心术》《求重心说》《格术补》等求物体几何"重心"的作品。这是他运用西方数学原理和物理学方法研究出的成果。在数学领域，邹伯奇编著有《乘方捷术》三卷，详尽介绍了乘幂、开方和对数。在天文领域，邹伯奇曾绘制过《赤道南恒星图》《赤道北恒星图》，并制造了天球仪、太阳系表演仪。在当时，中国学术界对哥白尼的"日心说"普遍持否认态度，而邹伯奇制作的仪器以太阳为中心，显示出其进步的天文学思想。他还运用先进的天文思想，考证了不少我国古书中有关天文问题的记述。他的《夏少正南门星考》等重要论文都是关于中国天文古籍的勘误，具有很高的学术价值。

《清史稿》里评论邹伯奇："聪敏绝世，覃思声音文字

度数之源。尤精天文历算，能荟萃中、西之说而贯通之，
静极生明，多具神解。"这位晚清的民间学者不慕功名，
两度拒绝了朝廷的出仕邀请，直到死去时，都只是一个秀
才。这在那个大多数人醉心功名的时代是十分罕见的。正
是凭借着这股淡泊名利、潜心钻研的精神，邹伯奇的科学
研究才达到了常人难以企及的高度。